사
소
한

것
은

없
다

사소한 것은 없다

초판 1쇄 발행   2023년 4월 27일

지은이   동은·진광
발행인   정지현
편집인   박주혜

대표   남배현
본부장   모지희
편집   손소전 주성원
디자인   정면
경영지원   김지현
등록   2006년 12월 18일 (제2009-000166호)

펴낸곳   모과나무
주소   서울시 종로구 삼봉로 81 두산위브파빌리온 1308호
전화   02-720-6107
전송   02-733-6708
이메일   jogyebooks@naver.com
구입문의 불교전문서점 향전(www.jbbook.co.kr) 02-2031-2070~1

© 동은·진광, 2023
ISBN 979-11-87280-53-8   03220

모과나무는 (주)조계종출판사의 단행본 브랜드입니다.
지혜의 향기로 마음과 마음을 잇습니다.

사소한 것은 없다

동은 지음

내 삶을 채우는
작고 느린
존재들에 대하여

모과
나무

시작하며

/

사소한 것이 인생을 바꾼다

살다 보면 누구에게나 소중한 물건이 하나쯤 생기게 마련이다. 내겐 오래된 찻잔 하나가 그러하다. 출가 후 가장 힘들었던 시절, 지리산 토굴에서 정진할 때 사용하던 찻잔이다. 투박하며 멋도 없고 여기저기 금이 가 있다. 보물처럼 아껴두었다가 가끔 이 잔에 차를 마신다.

참 신기하다. 이 잔에 차를 마시면 바로 타임머신을 타고 40여 년 전 지리산 토굴 시절로 돌아가는 듯하다. 토굴 옆 계곡 물소리가 들리는 듯하고, 앞산을 물들이던 초록들이 눈에 선하다.

나도 사람인지라 살다가 힘든 일이 어찌 없었겠는가? 그런데 이 찻잔을 만지면서 차 한잔하고 있노라면 문득 퇴색되어가는 초발심을 경책하는 선지식이라도 만난 듯 정신이 번쩍 들게 해주니 나에게는 아주 소중한 물건이 아닐 수 없다.

우연한 기회에 《법보신문》에서 제안한 '사소함을 보다'라는 주제로 연재를 하게 되었다. 그런데 주제를 받아보니 결코 사소한 것이 아니었다. 사소함의 기준이 무엇인가? '찻잔'은 사소한 것이고, '출가'는 위대한 것인가? 흔히 출가를 가리켜 '위대한 포기'라는 표현을 쓴다. 그 위대한 포기가 지리산 토굴 시절 작은 찻잔과 인연이 닿지 않았다면 난 아마 지금의 수행자로 남아 있지 않았을지도 모른다. '사소한 찻잔' 하나가 수행의 의지처가 되고 위대한 포기의 밑거름이 되어 지금의 나를 있게 한 것이다.

살아가면서 우리는 늘 사소한 것에 목숨을 건다. 정신 차리고 보면 별것도 아닌 일에 욕심을 부리고 화를 낸다. 그리고 그 일이 씨앗이 되어 결국 인생이란 커다란 나무의 가지가 부러지기도 하고 뿌리째 뽑히기도 한다.

사람들이여, 사소한 것을 절대 우습게 보면 안 된다. 사소些少한 것을 잘 쓰면 스승으로 삼을(사소師所) 수 있고, 대수롭지 않게 봤다간 죽는 곳(사소死所)이 될 수도 있다. 사소한 것들로 우리네 인생이 바

뛸 수 있다. 사소함이란 결코 사소한 것이 아니다.

끝으로 이 연재를 기획해주신 모지회 본부장님과 부족한 글 함께 탁마할 기회를 주신 진광 스님, 그리고 아름다운 삽화로 거친 글에 비단옷을 입혀주신 허재경 작가님께 감사드린다.

그나저나 틀어진 벽장문 열 때마다 낑낑대며 가끔 손가락을 찧기도 했는데, 오늘은 작정하고 문틀 손을 좀 봐야겠다. 손가락 몇 개 부러지기 전에……

2023년 산벚꽃 아름다운 봄날
두타산 동쪽에서 동은

차례

/

들어올 땐 업장소멸 나갈 땐 복덕구족

간밤에 내린 눈으로 온 세상이 하얗게 솜이불을 덮고 있다. 차들도 다닐 수 없게 되자 절로 올라오는 길은 인적이 끊겼다. 저 멀리 마을 쪽에서 까만 점들이 점점 가까이 다가왔다. 일주문이 모처럼 늦잠을 자고 있다가 두런두런 말소리에 눈을 떴다.

오늘은 기도 회향일, 부처님께 올릴 떡과 공양미를 머리에 이고 오는 신도님들이다. 모두 먼 길을 걸어오셨는지 가쁜 숨을 몰아쉬며 내리는 눈을 피해 일주문 아래에 잠시 앉으셨다.

"아이고, 뭔 눈이 이리도 온대? 차가 올라가질 못하니 내 다리만 아파 죽겠네. 하기사 내가 젊었을 땐 이 길을 애 업고 공양미 머리에 이고 북평에서 '저시고개'를 넘어 절에 다녔으니, 그때 생각하면 이 정도는 호사지 뭐, 안 그래?"

"그래, 맞아. 나도 그때 큰놈 업고 다니면서 땀깨나 흘렸지. 그래도 그때가 좋았어. 그렇지?"

"하하, 맞아 맞아. 좀 쉬었으니까 또 올라가볼까?"

보살님들은 오랜만에 추억에 젖어 깔깔거리며, 다시 눈길 속으로 발걸음을 재촉하셨다. 멀리 사라져가는 보살님들을 일주문이 빙긋이 웃으며 지켜보았다.

세상에 사연 없는 대문이 어디 있을까만, 그래도 절집 일주문만큼 많은 사연을 간직한 대문도 없을 것이다. 문도 없는 이 대문 앞에서 얼마나 많은 출가자가 고뇌하고 망설이다가 끝내 산중에 발을 들여놓지 못하고 돌아갔을까? 혹은 어렵게 입산해서 출가수행까지 하다가 이런저런 사연으로 인해 이 산문을 나서야 했던 수행자들은 또 얼마나 될까? 그래도 차마 이 일주문을 나서지 못하고 왔던 발걸음을 다시 돌려 산사로 되돌아간 사람들이, 산중을 지키는 버팀목이 되어 부처님의 혜명慧命을 잇고 있는 것이리라.

산사 일주문에 매달려 있는 풍경들은 그 절의 온갖 애환을 간직한 타임캡슐과도 같다. 바람결에 그 절절한 사연들을 모두 풀어내며 무상법문을 하고 있는 것이다. 아마 나의 가슴 아픈 추억의 한 장면도 월정사 일주문 밖 어디쯤에선가 서성이고 있을 게다.

수계受戒를 한 그해 겨울이었다. 눈이 하얗게 내린 전나무 숲길을 걸어 일주문 아래에 섰다. 출가할 때 뭔지도 모르고 꾸벅 인사하고 지나갔던 그 일주문. 잠시 숨을 돌린 후 왔던 길을 되돌아보았다. 이 길을 언제 다시 올지 모른다는 안타까움과 까닭 모를 서러움에 나도 모르게 눈물이 났다. 눈에서 흐르는 물인지, 눈이 녹아내리는 물인지도 모르는……. 지리산 토굴로 떠나는 걸망 위로 목화송이 같은 눈이 하염없이 내렸다. 무릎까지 푹푹 빠지는 눈을 헤치며 몇 시간을 걸어 진부에 도착했을 때는 거의 탈진 상태였다.

일주문은 두 기둥 위에 서 있었다. 대개 집들은 사방으로 된 기둥 위에 서 있는데, 일주문은 두 기둥만으로 서서 균형을 잡고 있으려니 얼마나 힘들겠는가. 세상살이가 그리 만만하지 않으니 온 힘을 다해 열심히 살아가라고 묵묵히 보여주고 있는 것인지도 모른다.

그러나 이 불안하면서도 위풍당당한 문에는 사실 비밀이 숨겨져 있다. 보통 사람들의 눈에는 잘 보이지 않는 '출입체크기'가 바로 그것이다. 어찌 부처님께서 일반 회사의 출입문처럼 카드를 갖다 대야 들어갈 수 있는 문을 만들겠는가? 그저 법당에 딱 앉아서도 누가 어떤 소원을 가지고 올라오는지 훤히 꿰뚫어 보시니까 부처님인 것이다.

보통은 이 문을 통과하는 순간 웬만한 번뇌나 망상쯤은 깨끗이 치유가 된다. "입차문래 막존지해入此門來 莫存知解, 이 문에 들어

올 때는 알음알이를 버려라." 일주문 두 기둥에 걸려 있는 부처님의 처방전이다. 나만 옳고 잘났다는 생각을 버리라는 것이다.

여기서 치료가 되지 않은 사람들은 2차로 법당까지 와서 부처님 전에 소원을 빈다. 일주문을 걸어서 통과하지 않고 옆으로 지나치거나, 차를 타고 쌩 지나가면 1차 치료소는 그냥 통과하는 것이나 마찬가지다. 그러니까 웬만하면 사찰을 참배할 때 일주문 밖에 차를 세우고 걸어가는 것이 좋다. 멋진 대문이 있는데 그곳을 통과하지 않고 옆으로 지나친다면 일주문에 대한 예의가 아니다.

일주문은 사실상 불자들이 사찰을 출입하는 처음이자 마지막인 곳이다. 이 문을 들어오면서 세속에 물든 마음자리를 깨끗이 비워내고, 나갈 때는 그 비워진 곳에 맑고 청정한 부처님의 가르침을 채워간다. 그러니까 일주문은 복福이란 통장 잔고를 자동으로 체크하는 장소인 셈이다.

카드는 통장 잔고가 없으면 무용지물이다. 아무리 절에 수십 년을 다녀도 공덕을 쌓지 않고 복 밭에 씨를 뿌리지 않으면 통장 잔고는 늘 바닥이다. 예금도 하지 않은 통장의 카드를 쓰면서 잔고가 없다고 투덜대면 바보다. 입으로만 '관세음보살' 찾지 말고, 몸으로 지금 내 곁에 '살아 있는 부처'들을 공양해야 한다. 남편 부처, 아내 부처, 아들 부처, 딸 부처, 엄마 부처, 아빠 부처, 도반 부처, 행인 부처…… 둘러보면 부처 아닌 것이 없다.

이제 곧 목적지만 설정하면 그곳까지 자동차가 데려다주는 시대가 온다. 그러하니 신심과 복덕을 체크해주는 기계가 나오지 말란 법도 없다. 일주문에 '수행 자동 측정기'가 설치되어, 통과할 때마다 "딩동, 보살님께서는 그동안 수행을 열심히 하셨군요. 이제 남은 인생도 편안하게 염불하며 행복하게 지내세요"라는 멘트를 듣게 될 날이 올지도 모른다.

그나저나 큰일 났다. 괜히 이 글을 쓰고 나서 지금까지 맘 편히 들락거리던 일주문이 마음에 걸리게 생겼다. 어느 날 무심코 신도님과 함께 일주문을 지나는데, "삐리릭, 스님은 요즘 수행을 게을리하고 있습니다. 보살행 실천도 안 하신 지 꽤 되었군요. 초심으로 돌아가 더욱 열심히 정진하시기 바랍니다" 하고 일침을 놓으면 얼마나 곤란하겠는가. 그 소리를 듣고 "어? 우리 스님 거룩하게 보고 있었는데 그게 아니네요?" 하는 눈빛으로 바라보면 어떡하나? 낭패지 뭐. 다시, 정신 똑바로 차리고 살 수밖에 도리가 없지.

그런데 이런 측정기는 있는 것이 좋을까, 없는 것이 좋을까? 내일 포행하면서 일주문한테 한번 물어봐야겠다.

차향을 머금은 찻잔

하루 일과 중에서 내가 가장 좋아하는 시간이 있다. 아침 공양 후 산책을 마치고 조용히 차 한잔하는 시간이다. 웬만큼 급한 일이 아니면 이 시간에 약속을 잡지 않는다. 이때만큼이라도 오롯이 혼자 있고 싶기 때문이다.

내가 사용하는 다구는 간단하다. 보이차를 마실 때 필요한 다탁은 옹기 가게에서 산 작은 단지 뚜껑이다. 다관 받침은 오래전 영월 동강에 갔다가 주워온 납작한 돌이다. 그러고 보니 다관은 20년이 넘었다. 서울 '수도승首都僧' 시절 인사동 노점상에서 2만 원 주고 산 것이다. 그리고 찻잔, 이 찻잔은 사연이 많은 찻잔이다.

37년 전 겨울, 입춘을 며칠 앞두고 있었지만 지리산 계곡을 휘

몰아치는 찬바람이 낡은 토굴 지붕을 들썩거려 잠을 이룰 수가 없었다. 희뿌옇게 동녘이 밝아왔다. 목이 칼칼해서 머리맡에 놓아둔 물 사발을 찾으니 꽁꽁 얼어 있었다. 토굴 아래에 있는 샘물을 뜨러 갈까 하다가 다시 이불을 뒤집어썼다. 며칠째 몸살 기운으로 오한이 들어 문밖으로 나가기가 망설여졌다.

이불 속에서 온갖 망상들이 떠올랐다. '날이 밝는 대로 읍내 약방이라도 갔다 올까?' '아냐, 이까짓 몸살 정도로 약방 갈 생각이었으면 애초에 여길 오지 말았어야지.' '그래도 더 심해지면 어떻게 하려고 그래?' '까짓, 죽기밖에 더하겠어?' 혼자 이런저런 생각들을 주거니 받거니 하다가 깜박 잠이 들었다.

"스님 계세요?" 잠결에 잘못 들었나 하고 있으니 다시 인기척 소리가 났다. "스님 안 계세요?" 언제 아팠냐는 듯 몸이 용수철 튀듯 일어났다. 이미 해가 중천에 떴는지 토굴 안이 환했다.

"누구세요?" 문이랄 것도 없는 토굴 문을 여니 웬 스님 한 분이 서 계셨다. 순간 내가 잘못 봤나 했다. 오대산에서 같이 행자 생활을 하고 계를 받은 도반 스님이었다. "아니, 스님이 어쩐 일이세요? 여긴 어떻게 알고 찾아오셨어요? 추운데 어서 안으로 들어오세요." 둘이 앉기에도 좁은 방 안에서 큰절로 인사를 나눴다. 스님은 내려놓은 걸망에서 쌀이며 반찬거리를 주섬주섬 내놓으셨다.

산 아랫마을까지 첫차를 타고 와 한참을 걸어온 스님은 공양 준비 안 하냐며 쌀 씻을 그릇을 찾았다. 석유풍로에 올려져 있는 냄비 뚜껑을 여니 몇 술 안 남은 밥이 꽁꽁 얼어 있었다. "스님, 내가 몸이 좀 안 좋아 그러니, 저 아래 샘물에 가서 쌀 좀 씻어다 주세요." "허허, 이 스님 도대체 며칠을 굶은 거야? 알았어요. 내가 점심 준비할 텡께 스님은 좀 누워 쉬시오, 잉."

도반 스님이 공양을 준비하는 동안 나는 김치와 된장을 꺼냈다. 반찬이라곤 그게 다였다. 며칠 만에 김이 모락모락 나는 쌀밥을 먹었다. 입이 까끌까끌했지만 입맛은 살아 있어 꿀떡꿀떡 잘도 넘어갔다. 삭발도 안 하고 수염도 텁수룩한 내 모습을 기가 막힌 듯이 쳐다보면서 도반 스님은 공양도 하는 둥 마는 둥 했다.

"스님, 차나 한잔합시다." 공양도 제대로 하지 않은 스님이 개울에서 그릇을 씻어오며 말했다. "네, 그런데 차가 없는데요." "걱정 마쇼, 내가 다 가져왔응께." 스님은 걸망에서 끈으로 묶은 차 봉지와 찻잔 두 개를 꺼냈다.

다관이 없어 먹던 밥그릇에 차를 우렸다. 푸르스름한 찻물이 조금씩 우러났다. 스님이 다시 비닐봉지에서 무언가를 꺼내셨다. 이제 막 봉오리를 맺은 매화 송이였다. "올라오는데 매화가 막 피었기에 몇 송이 실례했어라." 밥그릇에서 우려진 차를 잔에 따랐다. 그리고 매화 송이를 몇 개 올려놓으셨다. 이런 모습은 처음 봤다. 속으로 '저 매화가 뜨겁지 않을까?' 하는 생각만 들었다.

잠시 후 놀라운 광경이 벌어졌다. 봉오리였던 매화 송이가 조금씩 벌어지더니 이내 활짝 피어나는 것이었다. 매화향이 좁은 토굴 안을 가득 채웠다.

"스님, 공부도 좋지만 몸도 좀 생각하면서 하시오, 잉." 스님이 차를 따르면서 이야기하셨다. 번지도 없는 이 첩첩산중 토굴을 물어물어 찾아와, 봄소식을 알려주는 스님의 그 말씀에 괜히 눈물이 핑 돌았다. 수행이란 내 의지만 갖고 되는 것이 아니었다. 아무리 애를 써도 그 공부를 점검해줄 스승이 곁에 없으면 이루기가 힘든 법이다.

어설픈 용맹심 하나로 토굴에 들어온 지도 어언 일 년. 공부는

책 속에만 있는 것이 아니었다. 출가 전부터 수행에 관심이 많았던 도반 스님은, 지금 나의 처지를 꿰뚫고 있었다. 하시는 말씀마다 지당했다. 수행 길에 만나는 스승과 도반은 선택이 아니라 필수였던 것이다.

겨울 해는 짧았다. 같이 있어봤자 잘 공간도 부족한 걸 눈치챈 스님이 산그늘이 마당으로 슬금슬금 발을 걸칠 때쯤, 약속이 있다는 핑계를 대며 산을 내려가셨다. 멀리 산모퉁이를 돌아가다가 한 번 뒤돌아보시더니, 땅바닥에 큰절을 하고 이내 사라졌다. 난 마당 끝에 서서 망부석이라도 된 듯, 스님이 사라진 그곳을 한참 동안 바라보았다.

갑자기 오한이 들었다. 몸살 난 것을 깜박 잊고 찬바람을 너무 쐰 것이다. 방으로 들어와 마시던 찻자리를 정리하는데, 좌복 밑에 봉투가 하나 있었다. 도반 스님이나 나나 스님이 된 지 겨우 일 년이 지났는데 무슨 돈이 있겠는가. 아마 행각 중에 받은 여비를 나한테 주고 가신 듯했다.

'그래, 이렇게 약값을 주고 가셨으니 내일은 읍내 약방에 가서 약이라도 지어 먹자. 빨리 건강을 회복해서 정진하는 것이 스님의 걱정을 덜어드리는 일 아니겠는가?'

스님은 가시면서 수행할 때 가끔 차나 한잔씩 하라며 내가 마시던 찻잔과 차 봉지를 두고 갔다. 울퉁불퉁 제멋대로 생긴 투박한 찻잔. 두 손으로 조용히 감싸 들고 바닥에 조금 남아 있는 식은 차를 마셨다.

아! 이 매화 향기. 정좌처다반향초靜坐處茶半香初. 도반은 떠났지만 그가 남기고 간 차향은 아직도 찻잔 속에 남아 있었다.

지금은 소식마저 끊긴 스님. 지리산 토굴에서 수행하며 꿈같이 행복했던 아름다운 시절은, 찻잔에 밴 차향처럼 늘 내 마음속에 살아 있다.

도반은 수행의 전부다

수행이라는 여정에서 스승과 도반은 공부의 전부다. 행자 시절 틈틈이 읽은 큰스님들의 수행담에 반해 머리 가득 환상으로 시작한 나의 지리산 토굴 생활은, 스승과 도반이 얼마나 중요한지 깨닫는 것으로 막을 내렸다.

스승과 도반을 찾아 나선 끝에 스님 가운데 제일 큰스님이라는 성철 스님이 계시는 곳이자 대한민국에서 가장 큰 수행 도량이라는 해인사승가대학(강원講院)에 가기로 했다. 그곳에서 공부를 마치면 은사 스님이 버선발로 마중을 나올 정도라는 말을 듣고 망설임 없이 선택했다.

1988년 서울올림픽이 열리는 그해 이른 봄이었다. 나와 같이 해인사승가대학에 지원한 비슷한 또래의 스님들은 객실에 모여 지객 스님의 입학요강 말씀에 귀를 기울였다. 해인사 도량이 주는 장엄함과 선배 스님들의 카리스마에 다들 긴장된 표정이 역력했다.

그 시절 해인사승가대학 4학년, 즉 '경반' 스님들은 "경남도지사와도 바꾸지 않는다" 할 정도의 위엄과 권력(?)을 가지고 있다는 소문이 자자했다. 법당의 부처님과는 눈을 마주칠 수 있어도 경반 스님들과 눈을 마주친다는 것은 있을 수 없는 일이었다. 그 정도로 힘든 수행을 거쳐야만 비로소 그 자리에 오를 수 있다는 말이다.

지원 서류를 제출하고 마당에 나와 있는데, 동글동글한 얼굴에 나보다 키가 조금 작은 앳된 스님이 말을 걸어왔다. "저는 현진이라고 합니다. 스님은 어디서 오셨어요?" "네, 전 동은입니다. 지리산 토굴에서 살다가 왔습니다." 아직 서로에겐 낯선 얼굴들이지만 비슷한 파장끼리는 통하는 것이 있나 보다. 서로 인사를 나누고 나서 다음 날 우리는 입학시험에 같이 합격했다. 현진 스님은 나보다 나이는 몇 살 어리지만, 계를 먼저 받아 좌차(앉거나 걷는 순서)는 위였기에 4년 동안 나의 왼쪽에서 공부하였다.

요즘에도 가끔 그때 이야기를 하며 웃는다. "이야~ 그때 동은 스님 대단했지요. 지리산 토굴에서 살다 왔다면서 맞지도 않은 긴 누비 두루마기로 마당을 쓸고 다니는데, 정말 볼만했다니까요." 지리산 토굴 시절, 다 찢어진 광목옷으로 겨울을 나고 있던 내게, 지나가던 객승이 입고 있던 누비 두루마기를 벗어주고 갔다. 그 옷이 너무 컸던지 옷자락이 땅에 질질 끌리는 것을 보고 현진 스님이 농담처럼 하신 말씀이다. "하하, 그래요? 난 스님을 보고 어디서 동자승이 왔나 했다니까요." 속가 집에서도 막내, 출가 문중에서도 막내, 우리 도반 가운데서도 나이가 막내인 현진 스님은 예나 지금이나 동안인 것은 사실이다.

그렇게 인연이 된 현진 스님은 해인사승가대학을 졸업하고 송광사 율원(율사律師를 양성하는 전문교육기관)까지 같이 졸업을 했다. 이어서 해인사 선방에서 첫 안거를 같이 난 후, 동국대학교 대학원에서 불교미술까지 함께 공부했으니 도반들 가운데서는 가장 오랫동안 같이 산 셈이다. 지금은 서로 바빠 가끔 시간이 나면 배낭 하나 메고 순례를 다니는 벗이 되었다.

또 한 스님이 있다. 나의 좌차는 7번, 그리고 오른쪽 바로 옆자리 8번은 일선 스님이시다. 성철 스님 손상좌로 우리 도반들 사이에서는 일찍이 도인으로 통했다. 어느 달빛 좋은 날, 홍제암 쪽으로 가는 오솔길 산책을 나섰다. 평소에도 별말씀 없이 공부만 열심히 하는 스님이셨는데, 그날은 서로 지나온 수행 이야기를 하게 되었다. 나는 지리산 토굴 시절 이야기와 함께 스승과 도반의 필요성을 느껴 이곳 해인사에 왔다고 했다. 나와 같은 해에 계를 받은 스님도 나처럼 일 년 늦게 이곳에 오셨다. 백련암 가풍은 계를 받으면 거의 선방에 가는 것으로 유명한데, 일선 스님도 예외는 아니라 쌍계사 선방에서 정진을 하셨다.

어느 삭발 목욕일, 스님이 근처 암자에서 수행하는 큰스님을 찾아뵙고 인사를 드리니 이런 말씀을 해주셨다고 한다.

"수좌, 내 평생 살면서 수행자로서 부끄럼 없이 정말 열심히 살아왔네. 그런데 나이가 들고 보니 중으로서 딱 하나 미련이 남는 것이 있어. 바로 '강원'을 안 간 일이야. 선방 정진이야 평생을 두고 하면 되지만, 강원에서 부처님 일대시교一代時敎를 공부하는 것은 때가 있다네. 그러하니 수좌도 더 늦기 전에 강원 이력을 마치고 다시 선방으로 가시게나."

강원 생활이 어찌 부처님 경전만 공부하는 곳이랴. 4년이란 기간 동안 백여 명이 모여 살며 서로 좌충우돌 탁마하고, 총림 산중의 기라성 같은 큰스님들의 가르침을 배우는 과정 그 자체가 더 큰 공부인 것이다. 노스님의 간곡한 그 한 말씀에 일선 스님은 다니던 선방을 그만두고 해인사로 오게 되었다고 한다.

일선 스님은 하루 일과가 철저했다. 거의 온종일 붙어 있다 보니 서로의 행동이나 습관을 자연스럽게 알게 되었다. 정해진 일과는 당연한 것이고 남들이 쉬는 시간에도 틈만 나면 법당에 가서 《백팔대참회문》을 외우며 절을 하셨다. 바로 옆에 이런 도반이 있으니 자연히 본보기로 삼지 않을 수 없었다. 나에게는 도반이 아니라 살아 있는 선지식이었다.

어느 삭발 목욕일, 사중에 있는 목욕탕에 갔는데 신발장에 일선 스님의 까만 고무신이 놓여 있었다. 나도 모르게 한 생각이 일어나, 스님의 고무신을 깨끗이 씻어 말려놓았다. 그렇게 해서라도 스님의 수행을 본받고 싶었던 것이다. 스님은 강원을 졸업하고 최근 소임을 맡기 전까지 단 한 철도 쉬지 않고 본 결제(동안거·하안거)는 물론 산철 결제까지 하신 분이다. 몇 년 전 암 수술을 하셨을 때도 안거에 빠지지 않으셨다.

나의 해인사승가대학 생활은 순전히 두 훌륭한 도반 스님 덕분으로 졸업했다고 해도 과언이 아니다. 이제 현진 스님은 많은 책을 펴내 불교계 베스트셀러 작가로서 문서 포교에 앞장서고 있고, 일선 스님은 수좌들의 표상으로 지금까지 존경을 받고 있다. 이런 두 스님을 좌우로 모시고 공부한 나는 얼마나 큰 복으로 산 것인가.

부처님께서도 말씀하셨다. "신실하고 지혜로우며 덕 있는 벗을 만나거든 그와 함께 즐겁고 깨어 있는 삶을 살아가라. 그와 함께 모든 위험으로부터 벗어나라." "선지식과 착한 도반은 청정한 행을 닦는 데 있어 절반이 아니라 전부다."

이제 사십여 성상을 눈앞에 둔 나의 수행 여정은 도반들과 함께 늘 행복하였으며, 필경에는 도반들의 탁마와 스승의 깨우침으로 불도를 이루리라.

수행자의 시작과 끝

명산대찰에 가면 으레 그 도량에 걸맞은 탑이 있다. 그중 월정사 팔각구층석탑은 고려시대 유행한 팔각 다층탑 가운데 가장 아름다운 탑으로 가치를 인정받고 있다.

내가 월정사로 출가했을 때, 마당 가운데에 아름답고 웅장하게 서 있던 탑을 잊지 못한다. 하늘을 찌를 듯이 높이 솟은 탑신, 바람이 불 때마다 팔각의 옥개석 끝에 매달려 짤랑대는 수많은 풍경 소리, 그리고 파릇파릇 피어 있는 기단의 이끼들은 세월의 흔적을 고스란히 이야기해주고 있었다.

탑 앞에는 무릎을 꿇고 부처님께 공양을 올리는 약왕보살 좌상이 있다. 오랜 세월 몸은 이끼로 뒤덮여 마치 다 해어진 누비를 입고 계신 듯했지만, 얼굴에는 곱디고운 석화石花가 피어 있었다. 도톰한 볼에 배어 있는 은은한 미소는 이제 막 출가한 청년의 들끓는 마음을 편안하게 맞아주었다. 나의 행자 시절은, 이 월정사 팔각구층석탑과 그 앞에 모셔진 약왕보살 좌상과 함께 시작되었다.

새벽 도량석(새벽예불 전에 도량을 깨끗하게 하기 위해 치르는 의식)을 할 때는 탑 앞에서 시작해 온 도량을 돌았고, 저녁에도 탑 주위를 한 번 돌아본 다음 삼경 종을 치고 잠자리에 들었다. 한국전쟁 때 온 도량이 불타 없어졌지만, 이 탑만은 다행히 화마를 피해 오대성지를 지켜주는 버팀목이 되어주었다. 아마 월정사에 이 탑마저 소실되었다면, 부처님 진신사리를 산중에 모신 도량으로서 그 찬란한 역사는 퇴색되었을지도 모른다. 그 정도로 사찰에 있는 탑들은 산중의 중심이며 모든 것을 지켜보는 산 증인인 셈이다.

이 탑도 자세히 보면 옥개석 여기저기 금 가고 깨진 곳이 더러 있다. 천년의 세월 동안 도량의 흥망성쇠를 지켜보며 어찌 탑인들 상처가 없을 수 있겠는가. 책을 읽을 때 저자의 의도를 잘 이해하려면 글자를 떠나 행간을 볼 줄 알아야 한다. 사찰의 역사도 마찬가지다. 감정이입, 즉 나와 탑이 한마음이 되어 대화를 나눠보는 것이다. 눈을 지그시 감고 석공들의 망치 소리와 시주들의 소원을 들을 줄 알아야 한다. 탑 층층마다 서려 있는 그 세월의 흔적들을 볼 줄 알아야 한다. 다행히 그 비밀의 문으로 들어가는 코드를 알게 된다면 천년의 역사는 실타래 풀리듯 술술 흘러나올 것이다.

오대산 적멸보궁 뒤쪽에는 1미터도 채 안 되는 조그마한 탑이 하나 있다. 옥개석에는 마치 초가지붕에 하얀 눈이 내린 듯 이끼가 덮여 있다. 이 근처 어디쯤에 부처님의 사리를 모셔두었다는 증표로 만들어놓은 사리탑이다. 가끔 보궁을 참배하고 법당 뒤에 가서 이 사리탑을 보고 있으면, 마치 할 일을 다 마친 사람처럼 마음이 편안해진다.

세상의 사리탑 가운데 이렇게 작고 아름다운 탑이 또 있을까? 만약 부처님과 한 번쯤 이야기를 나누고 싶은 불자가 있다면, 오대산 적멸보궁에 가서 삼천 배를 해보라고 권하고 싶다. 절을 마치고 고요히 앉아 사리탑을 친견하고 있으면 아마 부처님의 '감로법문'을 가슴으로 들을 수 있을 것이다.

탑이란 무엇인가? 부처님을 대신하는 것이다. 탑은 곧 부처님이다. 탑 속에는 부처님의 사리나 경전을 봉안한다. 부처님 사리는 다비를 하고 난 후 타지 않고 남은 또 다른 부처님이다. 부처님의 온 생애가 사리라는 물질로 남아, 그분의 모습을 보고 싶어 하는 제자들에게 형상을 대신하여 전해지고 있는 것이다. 또한 경전을 모시는 것은 그분의 가르침을 믿고 의지하며 실천하겠다는 맹세이기도 하다.

탑에는 불탑만 있는 것이 아니다. 민초들이 자갈밭을 일구다 나오는 돌멩이로 쌓은 돌탑도 있다. 목숨을 이어가기 위해 산비탈 언덕에 찰싹 들러붙어 끝도 없이 파내고 골라낸 돌 더미들, 그 서리서리 맺힌 한들이 사리가 되어 탑을 이룬다. 비바람 눈보라에 시달릴 대로 시달리며 견뎌낸 돌 더미는 한 많은 민초들의 '사리탑'이나 다름없다. 어느 절이나 도량 구석구석에 있는 크고 작은 돌탑들도 마찬가지다. 얼마나 많은 사람이 절을 오르내리면서 갖가지 바람들을 담아 하나하나 쌓았을까.

부도는 스님들의 무덤이다. 탑 속에 부처님 사리를 모신다면, 부도에는 스님들의 사리를 모신다. 부처님께서는 모든 것이 변하니 그 형상에 집착하지 말라고 하셨으나, 다만 중생들이 그 형상에서 벗어나지 못하고 탑도 만들고 부도도 모신다. 부처님과 그 가르침을 평생 행하신 스님들의 뜻을 두고두고 새기겠다는 결의의 표상이기 때문이다. 부도란 한 생에서 성불하지 못한 수행자가 남긴 아쉬움의 흔적이다. 그리고 후학들에게 열심히 정진하라는 경책의 상징물이기도 하다.

춘다cunda가 올린 생애 마지막 공양을 드시고 몸이 쇠약해진 부처님께서는, 사라수 아래에 이르러 아난에게 쉴 자리를 마련하라고 하셨다. 부처님께서 자리에 눕자 갑자기 사라수에서 꽃이 피어났는데, 이 광경을 보시고는 이곳에서 열반에 들겠다고 말씀하셨다. 그리고 슬피 우는 제자들에게 "형성된 모든 것은 소멸하기 마련이다. 게으르지 말고 정진하라"는 마지막 법문을 남기셨다. 만약 부처님께서 묘비명을 쓰셨다면 이 말을 쓰지 않았을까 싶다.

그대, 비 오는 날 오래된 산사의 석탑을 본 적이 있는가? 사찰한 귀퉁이에서 이름마저 희미해진 스님들의 부도를 가만히 만져본 적이 있는가? 꺼칠꺼칠한 화석처럼 굳은 돌에서, 파릇파릇 피어나는 수천수만 개 이끼의 그 환희로운 꿈틀거림을, 그 속삭임을…… 그 이끼 하나하나가 이야기해주는 전설을 들어보라. 탑은 아무 말 없이 그 자리에 서 있는 것이 아니다.

그대, 들리지 않는가? 바람 불면 딸랑거리는 풍경소리로 화현해서 쉼 없이 정진하라고 가르치는 부처님의 음성을…… 그대, 보이지 않는가? 비 오면 푸른 이끼로 화현해서 생명의 실상을 보여주고 있는 조사 선지식들의 모습을…….

탑과 부도는 수행자의 시작과 끝이다. 출가해서 탑 앞에서 계를 받고 스님이 되어, 입적하면 부도전에 자리 잡는 것으로 삶을 마무리 짓는다. 탑과 부도는 부처님과 그 가르침과 수행자가 시간과 공간의 한 점에서 만나는 흔적이며 숭고한 결정체다.

참외와 호박한테도 의자를 내줘야지

누각이 시끌시끌하다. 내다보니 참배 온 분들이 누각 통나무 의자에 앉아 이야기꽃을 피우고 있다. 몇 해 전 설해목雪害木으로 쓰러진 아름드리 소나무를, 땔나무로 쓰기엔 아까워 적당한 크기로 잘라 누각에 의자용으로 가져다놓았다. 절에 와도 잠시 앉아 쉴 곳이 없어 이곳저곳을 기웃거리던 참배객들에겐 더없이 좋은 휴식처가 되었다. 제일 좋은 토막은 가운데 탁자로 하고, 중앙의 경치 좋은 자리에는 허리 받침대가 있는 의자까지 만들어놓고 나니 제법 그럴싸한 '야단법석野壇法席'이 되었다.

나는 평소 산책을 즐긴다. 선방 다닐 때도 그 도량의 산책로가 마음에 들어야 방부를 들이곤 했다. 방 안에서의 정진도 좋지만,

자연을 벗 삼아 조용히 걸으며 공부를 챙기는 행선行禪이 허리 아픈 나한테는 더 잘 맞기 때문이다. 점심 공양 후에는 온전히 혼자 거닐 수 있는 '동안動安 명상로'를 자주 찾는다. 산책로 중간쯤 명당자리에 의자가 있는데, 잠시 앉아 쉬며 음악을 듣기에도 그만이다. 이 오솔길에 멈추어 쉴 수 있는 의자가 없었다면, 나는 숲의 고요함과 아름다움을 더 깊이 음미할 수 없었을 것이다.

산책을 다녀오면 고요하게 좌정하고 혼자만의 차茶를 즐긴다. 그런데 나의 고질병인 허리와 무릎 때문에 바닥에 오래 앉아 있질 못한다. 어느 날, 아는 스님으로부터 아주 멋진 선물을 하나 받았다. 처음 보는 작은 기도 의자였다. 꿇어앉은 자세에서 그것을 엉덩이 밑에 받치고 앉으면 허리가 쭉 펴지면서 무릎에 무리도 안 가고 편한 것이 희한했다. 나에게 안성맞춤이었다. 처음에 누가 이것을 생각해냈는지는 모르지만 이렇게 잘 쓰고 있으니 고맙기 그지없다.

병원에 갈 채비를 하며
어머니께서
한 소식 던지신다

허리가 아프니까

세상이 다 의자로 보여야
꽃도 열매도, 그게 다
의자에 앉아 있는 것이여

주말엔
아버지 산소 좀 다녀와라
그래도 큰애 네가
아버지한테는 좋은 의자 아녔냐

이따가 침 맞고 와서는
참외밭에 지푸라기도 깔고
호박에 똬리도 받쳐야겠다
그것들도 식군데 의자를 내줘야지

싸우지 말고 살아라
결혼하고 애 낳고 사는 게 별거냐
그늘 좋고 풍경 좋은 데다가
의자 몇 개 내놓는 거여

이정록 시인의 〈의자〉(《의자》, 문학과지성사, 2006)라는 시다. 참으로 따뜻한 시가 아닌가. 참외와 호박한테도 편히 자랄 수 있게 의자를 내어주어야 한다고 하니, 시인의 어머니는 보살의 마음과 진배없다. 이렇듯 존재하는 모든 것에는 자기 나름의 의자가 필요한 법이다.

학인 시절, 어느 큰스님을 찾아뵙고 공부 길을 여쭌 적이 있다. "큰스님, 어떻게 하면 중노릇을 잘할 수 있을까요?" 스님께서 바로 말씀해주셨다. "앉고 일어설 때를 잘 알아야 하느니라." 한마디로 시원하게 정리를 해주셨는데, 문제는 그 앉고 일어설 때를 어떻게 잘 아느냐 하는 것이다. 아쉬운 듯해서 조금 더 앉아 있다 보면 때를 놓치기가 일쑤고, 이때다 싶어 일어서면 아직 때가 아닐 때도 있다. 그 묘한 때를 맞춘다는 것이 보통 힘든 일이 아니다. 빠르지도 늦지도 않은 그 적절한 타이밍은 오로지 오랜 경험치에서 나온다.

마찬가지로 아무리 좋은 의자도 오래 쓰다 보면 낡아서 바꾸어야 할 때가 온다. 바꾼다는 것은 새로운 것을 들여놓는 일이다. 하물며 그 목적이 무엇인가에게 자리를 내어줄 용도로 만들어진 의자야 말해 무엇하랴. 더러 의자가 예술품이나 의미 있는 목적으로 쓰이기도 하지만, 어쨌건 의자에는 사람이 앉아 있어야 제격이다. 그리고 이왕이면 그 의자에 앉아 있는 것이 내 맘도 편하고 남이 봐도 부담스럽지 않은 편안한 자리여야 한다. 즉 내 분수와 깜냥에 맞아야 하는 것이다.

우리는 살아가면서 인연에 따라 이런저런 의자(자리)에 앉게 된다. 어떤 의자에 앉든 주어진 직책에 감사해야 하고, 또한 그 의자에 앉아 있는 동안은 합당한 책임을 져야 한다. 그리고 다음 사람에게로 이어지는 것까지 염두에 두면서 살아야 한다. 그만큼 의자는 앉는 것도 중요하지만, 일어설 때도 중요하다.

이제 삐걱거리는 나의 낡은 의자 이야기다. 내 방은 사무실과 응접실, 침실을 겸용하고 있다. 업무를 보는 책상은 십여 년 전 재활용 쓰레기장에서 주워온 것이다. 의자는 우리 절 홍동식 선생님께서, 사용 연한이 다된 학교 의자를 교체하면서 하나 가져다주셨는데 바퀴가 달린 회전의자다. 요즘에야 회전의자가 흔하지만 예전엔 출세와 명예의 상징이었다. 출가할 때만 해도 내가 회전의자에 앉으리라곤 생각도 못 했는데, 살다 보니 이런 의자에도 앉아본다.

물론 스님 방에 이런 바퀴 달린 사무실 의자가 어울릴 리 없다. 세상이 아무리 바뀌어도 산사에는 색 바랜 낡은 책상과 그 앞에 가지런히 놓인 좌복이 제격이다. 그런데 이 몸이 허리와 무릎이 시원찮다 보니 어쩔 수 없이 방에 이런 의자를 들여놓게 되었다.

사람이 살아가는 데 의자는 반드시 필요하다. 사무용이 되었건 의료용이 되었건 이제 의자 없이는 일상생활을 할 수 없을 정도다. 문제는 이 의자에 앉는 사람이다. 의자를 바꾸어서 사람이 바뀐다면 언제든지 필요할 때 바꾸면 되겠지만, 그 의자를 사용하는 사람의 생각이 바뀌지 않는 한 백날 소용없다.

다시 한 번 내게 묻는다. 나는 과연 지금, 이 의자에 앉아 있을 자격이 되는가? 아무래도 함량 미달이다. 당장 의자에게 참회해야 겠다. 움직일 때마다 삐걱거리는 너를 바꿀 것이 아니고, 가끔 균형이 흐트러져 흔들거리는 나의 마음자리부터 바꾸어야겠다고.

여기 또는 거기

봄이 오는 듯하더니 꽃샘추위가 매섭다. 남도에는 이미 봄꽃이 만발해서 상춘객들로 야단이다. 아직 여기까지 올라오지 못한 봄을 마중하러 바람도 쐴 겸 길을 나서볼까 하다가 '에이, 거기가 거기지 뭐' 하는 마음으로 그만두었다. 그래도 아쉬운 마음이 들어 방문에 써 붙여둔 게송 한 자락으로 위안을 삼았다.

봄을 찾아 모름지기 동쪽을 향해 가지 마라

(심춘막수향동거尋春莫須向東去)

너의 집 서쪽 뜰에 이미 눈을 뚫고 매화가 피었다

(서원한매이파설西園寒梅已破雪)

원효 스님이 의상 스님과 함께 중국으로 유학길에 나섰다. 가는 길에 날이 저물어 동굴 같은 데서 하루를 묵게 되었다. 밤중에 목이 말라 주변을 더듬거리니 마침 머리맡에 물바가지가 있었다. 잘되었다 싶어 물을 마시니 참으로 꿀맛이었다. 그런데 아침에 눈을 뜨고는 깜짝 놀랐다. 간밤에 그렇게 맛있던 물이 해골바가지에 담긴 썩은 물이었던 것이다. 원효 스님은 뱃속에 있는 모든 것을 토해냈다. 그리고 그 순간 깨달았다. 간밤에 마신 맛있는 물과 아침에 본 해골바가지의 썩은 물이 둘이 아니라는 것을⋯⋯.

마음이 일어나면 온갖 법이 생겨나고

(심생즉종종법생心生則種種法生)

마음이 멸하면 가지가지의 법도 소멸한다

(심멸즉감분불이心滅則龕墳不二)

삼계가 오직 마음이요, 모든 현상이 오직 인식에 기초한다

(삼계유심만법유식三界唯心萬法唯識)

마음 밖에 아무것도 없는데 따로 무엇을 구하겠는가

(심외무법호용별구心外無法胡用別求)

일체유심조一切唯心造, 즉 마음이 모든 것을 지어낸다는 것을 깨달은 것이다. 원효 스님은 가던 발걸음을 돌려 신라로 돌아왔다.

그리고 평생을 차안此岸에서 피안彼岸을 노래하며 '여기'와 '거기'가 둘이 아니고 마음먹기에 달렸다는 것을 설법하셨다.

'피안'은 저 언덕이라는 뜻이다. 저 언덕이란 이상을 이룬 땅, 완전한 소망이 이룩된 땅, 행복의 땅이다. 그에 비해 '차안'은 고통과 번뇌가 가득한 땅, 여기 곧 우리네 범부들이 사는 세간이다. '여기'에 사는 중생들은 늘 고된 삶을 부지하며, '거기'에 있다는 행복을 얻기 위해 죽을 때까지 애를 쓴다. 그러나 그렇게 애를 써도 결국에는 다 이루지 못하고 거기로 간다. 어찌 보면 우리네 인생 자체가 '여기'에서 '거기'로 지향하는 원을 세우고 하나씩 이루어가는 과정이라고 할 수 있겠다.

삼계개고 아당안지三界皆苦 我當安之, 부처님의 탄생게誕生偈 가운데 한 구절이다. "삼계가 다 괴로움에 빠져 있으니, 내 마땅히 이를 편안케 하리라"는 말씀이다. 이는 부처님께서 깨달음을 이루고 난 후 신통으로 한 번에 일체중생을 괴로움으로부터 구제하겠다는 뜻이 아니다. 부처님의 생명도 유한한 것. 모든 부처님이 생멸을 거듭해도 결코 변하지 않는 진리를 설해, 괴로운 차안이 곧 피안인 것을 깨닫게 해주겠다고 선언하신 것이다.

행복은 누가 주는 것이 아니다. 그러나 우리는 늘 그것을 밖에서 찾는다. 내가 지금 발 딛고 있는 '여기 차안'은 '불행'이라는 이름을 지어놓고 투덜거리고, 결코 갈 수 없는 '거기 피안'은 '행복'이라는 이름을 붙여놓고 허공 속에서 손을 허우적거리고 있다. 부처님께서는 "행복도 내가 만드는 것이고 불행도 내가 만드는 것이다. 진실로 그 행복과 불행은 다른 사람이 만드는 것이 아니다"라고 가르치셨다. 한 생각 편안하면 극락이요, 한 생각 괴로우면 지옥이다. 관점을 어디에 두느냐에 따라 행복과 불행이 바뀌는 것이다.

대개 나는 여기 있고 너는 거기 있다. 인因은 여기에 있고, 과果는 거기에 있다. 내가 지은 인因은 여기 차안에 있고, 내가 지은 과果는 거기 피안에 있다. 한 치의 오차도 없다. 한 생 열심히 살다가 안타깝게 생을 마감하여 저세상으로 간 사람은, 숨 쉬고 살아 있는 이생이 피안이고 숨 떠난 그곳이 차안이다. 아파서 꼼짝 못 하고 숨만 쉬고 있는 사람에게는 고통스런 병실이 차안이고, 사지 멀쩡하게 걸어다니는 사람이 피안이다. 낮에는 무료급식소에서 끼니를 때우고 저녁에는 이슬 피할 곳 찾아다니는 사지 멀쩡한 노숙자에게는 찬 길바닥이 차안이요, 김이 모락모락 나는 밥 한 그릇과 따끈한 방이 피안이다. 따뜻한 방에서 취업 준비하는 실직자에게는 취직 빨리 안 하냐며 잔소리해대는 엄마가 차안이고, 매일 출퇴근하는 직장인이 피안이다.

매일 교통지옥에서 출퇴근하는 직장인은 상사의 눈치에서 벗어날 길 없는 회사가 차안이고, 아침에 느긋이 일어나 자기 맘대로 경영할 수 있는 자영업자가 피안이다. 남들 볼 때 속 편한 자영업자는 오늘 매출을 걱정해야 하는 가게가 차안이요, 출근해서 내일만 하면 월급이 꼬박꼬박 나오는 직장인이 피안이다. 추운 데 살면서 난방비로 허덕이는 사람은 지긋지긋한 겨울이 차안이요, 불안 때도 되는 열대지방 사람들이 피안이다. 뜨거운 태양으로 대지가 타들어가는 곳에 사는 사람들은 물이 귀해 흙탕물을 걸러 먹는 이곳이 차안이요, 언제든지 맑은 물이 넘쳐나는 설산 계곡이 피안이다.

이제 그만하자. 이러다가 끝이 없겠다. 대충 생각나는 대로만 써도 이 정도인데, 작정하고 쓴다면 이박삼일은 걸릴 것 같다.

어느 선사가 봄을 찾아 산천을 헤매었지만 끝내 찾지 못하고 지친 몸으로 돌아오니, 집 마당에 이미 매화가 피어 있었다는 이야기가 있다.

"네가 바로 부처인데 왜 그것을 모르고 먼 곳을 찾아 헤매는가. 사랑도 행복도 너의 마음속에 있으니 먼 곳에서 찾지 마라."

깨닫고 보니 그렇게 찾아 헤매던 부처가, 그리고 매일 나와 같이 먹고 자고 고락을 같이하던 이 물건이 바로 내가 찾던 부처이고 물건이었던 셈이다.

몇 년 전 천은사에서 법고法鼓 불사 회향기념으로 시계를 만들었다. 시계 판 숫자를 대신해서 해인사 팔만대장경 법보전 주련에 쓰인 글귀를 인용하기로 했다. '원각도량하처 현금생사즉시圓覺道

場何處 現今生死卽是'를 '행복세상어디 지금이곳여기'라는 우리말로 옮겨 썼다. 생사즉열반生死卽涅槃이요, 번뇌즉보리煩惱卽菩提다. 차안이 곧 피안이요, 여기가 바로 거기다. 차안과 피안이 따로 있는 것이 아니다. 알고 보면 '피차일반彼此一般'이다.

맨발과 양말

내겐 잊을 수 없는 양말 한 켤레가 있다. 햇수로는 거의 20년이 넘은 양말이다. 얼마나 질긴지 신어도 신어도 해지질 않아 버리길 포기하고 옷장 깊숙이 보관하고 있다.

지리산 토굴살이를 거쳐 해인사승가대학에 공부하러 갔을 때다. 하루는 다락에서 뒤꿈치가 구멍 난 양말을 꿰매고 있는데, 그걸 본 도반 스님이 나에게 한마디 던졌다. "스님, 요즘 누가 궁상맞게 양말을 꿰매 신습니까? 그냥 적당히 신다가 구멍이 나면 버려야지요."

당시 나로서는 뒤꿈치에 구멍이 났다는 이유로 양말을 버린다는 건 도저히 용납되지 않는 일이었다. 수행자라면 모름지기 해진

옷을 꿰매고 꿰매, 완전히 누더기가 될 때까지 입고 다녀야 진정한 수행자라는 생각을 갖고 있었기 때문이다. 내가 어렸을 때만 해도 호롱불 아래서 양말 꿰매는 어머니의 모습을 보는 것은 일상이었다. 온종일 농사일에 지친 몸을 이끌고, 밤에는 가족들의 해진 옷을 손질하다 꾸벅꾸벅 졸던 모습이 지금도 눈에 선하다.

양말을 꿰매 신다 보면 아무래도 발바닥이 고르지 않아 불편한 것이 사실이다. 예민한 사람은 신경이 쓰여 신기가 힘들지도 모른다. 그래서 나는 몇 번 꿰맨 양말 바닥이 울퉁불퉁해지면 발바닥 쪽을 발등으로 올라오게 해서 신는다. 그런 모습을 도반들이 보면 "스님, 그러다가 양말 장수 굶어 죽어요. 어지간히 하세요" 하며 눈치를 줬다. 그 무렵 다락에서 바느질하는 학인은 몇 되지 않았다. 스님들의 생필품 가운데 가장 흔한 것이 양말이다 보니 굳이 꿰매 신지 않아도 공양물이 자주 들어왔기 때문이다.

십여 년 전, 인도 불적지佛蹟地 순례를 간 적이 있다. 길에서 태어나 평생을 길 위에서 살다가 길에서 돌아가신, 부처님의 발자취를 현장에서 느껴보기 위해서다. 그리고 내 나름대로 작은 의식(?)도 준비했다. 닳고 닳아 더는 신기가 힘들어진 양말을 모두 모아 배낭에 넣었다. 어차피 순례길에서는 양말을 빨아 신기 힘드니, 신을 만큼 신고서 하나씩 버릴 요량이었다. 한 켤레로 보통 사오일 신다가 오래된 벗을 보내듯이 작별 인사를 하고 성지 귀퉁이에 곱게 접어두고 나왔다.

순례를 마칠 즈음 양말 하나가 남았다. 이 양말은 해인사 학인 시절부터 지겹도록 신던, 약간 쪽빛이 감도는 양말이었다. 이번에 야말로 너를 닳고 닳을 때까지 신고 버리고야 말리라, 하는 심정으로 그 양말을 신고 다녔다. 그런데 얼마나 질긴지 도대체 해질 생각을 하지 않고, 먼지투성이가 된 양말은 툭툭 털기만 해도 언제 그랬냐는 듯이 다시 신을 만해졌다. 귀국하는 짐을 꾸리면서 결국 그 양말은 다시 가져오고 말았다. 그리고 깨끗이 씻어 옷장 서랍 깊숙이 넣어두었다.

'그래, 네가 그렇게 나와 이별하기 싫다면 평생 같이 살자꾸나. 온 마음이 열정으로 가득했던 해인사 학인 시절과, 눈물과 땀방울로 범벅이 되던 무문관 선방 좌복 위에서도 묵묵히 나를 지켜본 너. 그리고 몸과 마음이 지칠 대로 지쳐 배낭 하나 메고 불적지 순례를 할 때 인도의 그 뙤약볕을 견디게 해준 고마운 네가 아니더냐. 내가 사바세계를 떠날 때 너를 신고 가마. 그래, 같이 살다 같이 죽자.'

오래전 선방 다닐 때, 안거를 마치면 도반 현진 스님이 계시는 청주 관음사에 자주 갔다. 그땐 도반의 사형 스님이 주지를 하고 계셨는데, 스님께서는 열이 많으셨는지 평소에도 양말을 잘 신지 않고 맨발로 다니셨다. 심지어 법당에 예불하고 법문하는 자리에도 맨발로 오셨으니, 노보살님들이 참고 참다가 한말씀 하셨다. "스님, 아무리 그래도 법당에 올 때는 양말을 좀 신고 오시면 안 될까요?" 그러자 주지 스님 왈, "보살님들, 난 부처님처럼 하고 살 뿐입니다. 부처님 보세요. 양말을 신고 계신지." 늘 예사로 보던 부처님을 자세히 살핀 보살님들이 진짜로 부처님이 맨발로 앉아 계신 걸 보고 할 말을 잃었다. 몸에 열이 많아 어쩔 수 없이 양말을 신지 못하는 것을 재치 있게 넘기신 것이다.

그리고 보면 불상이나 탱화, 모든 부처님의 발은 맨발이다. 인도야 더운 나라니까 양말이 굳이 필요 없겠지만, 부처님께서 열반에 든 후 관 밖으로 내민 두 발이 맨발인 것을 보면 왠지 가슴이 아프다. 철저하게 무소유로 살다 가신 수행자의 단면을 보여주시는 것 같아 더욱 그런 마음이 드는 것이리라.

미얀마 마하시 수도원에 잠시 있을 때다. 그곳 스님들과 같이 탁발을 나갔다. 남방가사를 수(垂)한 후 발우를 들고 맨발로 시내 여기저기를 다니는데, 도로에 있는 돌멩이며 가시들이 발을 찔렀다. 시장을 돌 때는 진흙탕에 빠지기도 했다. 나는 그 순간 부처님 당시의 모습이 떠올랐다. 부처님은 평생 늙은 낙타의 발처럼 마르고 거칠어진 맨발로, 수만 리의 거친 대지와 갠지스강의 뜨거운 모래밭을 걸으셨다. 발에 얼마나 많은 상처가 났을까. 오로지 중생의 아픔을 어루만지고, 생사의 고통에서 벗어나는 방법을 가르쳐주기 위해 부처님은 기꺼이 헌신적인 삶을 사신 것이다.

사람은 저마다 체질이 다르다. 해인사 선방에 있을 때 한 스님도 발에 열이 많아 겨울에 맨발로 사셨다. 심지어 영하 20도의 칼바람 추위에도 맨발로 눈 덮인 가야산을 오르내리곤 하셨다. 동상에 걸리면 어쩌냐고 걱정을 했지만, 건강에는 아무런 문제가 없으시단다. 나같이 몸이 찬 사람은 상상도 할 수 없는 일이다.

사람의 몸 가장 낮은 곳에서 온몸을 지탱하며 대지와 교감을 나누는 발. 그리고 온갖 냄새까지도 참고 견디며 발을 보호해주는 양말. 이들이야말로 우리 몸의 '보살'이 아닌가 싶다.

가끔 옷장을 정리하다가, 마치 폐관수행(외부와 모든 연락을 끊고 특정한 곳에 머물며 하는 수행)이라도 하듯 그곳에서 깊은 삼매에 들어 있는 탈색된 푸르스름한 양말을 본다. 인도 순례에서 살아남은 양말이다. 그 양말만 보면 나도 모르게, 알 수 없는 보리심이 가슴 저 밑에서부터 솟아오름을 느낀다.

수행 도반이자 순례 도반인 쪽빛 양말이여, 너는 나의 초심의 상징이며 청빈을 경책하는 선지식이다.

나무木와 나무南無

"대왕이시여, 제가 이제 아기를 낳을 때가 되었습니다. 친정인 데 바다하(천비성)로 가서 아기를 낳고자 합니다."

천지에 봄꽃이 만발한 어느 날, 마야왕비가 정반왕(석가모니 부처님의 아버지)께 이야기했다. 정반왕은 기뻐하며 마야왕비의 출궁을 허락하였다. 카필라성을 떠나 중간쯤에 이르니 마야왕비 어머니의 이름을 딴 '룸비니' 동산이 나왔다. 왕비는 무우수 나무로 우거진 동산의 아름다운 모습에 이끌려 가마를 숲속으로 옮기게 하였다.

마야왕비가 숲으로 들어오자 나무들이 일제히 꽃으로 장엄莊嚴을 하였으며, 새들도 천상의 소리로 지저귀면서 날아다녔다.

동산은 마치 도리천에 있는 환희의 동산인 '난다나'같이 아름답기 그지없었다. 왕비는 가마에서 내려, 많은 나무 중에서도 가장 아름다운 무우수 나무 아래에 이르렀다. 왕비가 꽃이 활짝 핀 가지를 잡으려고 팔을 뻗어 올리자, 꽃가지가 스스로 내려와 왕비의 손 가까이에 닿았다. 그러자 곧 산기産氣가 일어났다. 이윽고 왕비는 그 꽃가지를 잡고 선 채 오른쪽 옆구리로 아기를 낳았다. 부처님이 태어날 때 옆에 있던 이 나무가 바로 무우수無憂樹, '근심이 없는 나무'다.

"시이 사바세계 남섬부주 동양 대한민국⋯⋯."

스님들이 매일 사시불공을 드리고 읽는 축원문의 한 구절이다. 남섬부주南贍部洲는 본래 수미산의 남쪽 염부수 숲이 있는 인도를 가리키는 말이지만, 인간 세계를 의미하는 말로 개념이 확장되었다. 화창한 봄날 싯다르타 태자는 아버지 정반왕과 함께 농경제에 참석했다. 농부들이 힘차게 땅을 갈자 숨어 있던 벌레들이 꿈틀거리며 기어 나왔다. 그때 마치 기다렸다는 듯이 어디선가 날아온 새 한 마리가 벌레를 낚아채 갔다. 그런데 벌레를 낚아챈 새를 다시 독수리가 잡아가는 것이 아닌가? 생명의 시작을 알리는 환희에 찬 봄날에 태자는 약육강식의 현장을 목격했다.

충격에 빠진 태자는 숲속으로 들어가 깊은 사색에 빠졌다. 축제에 정신이 팔린 대중은 태자가 없어진 것을 알고 온 숲을 찾아 나섰다. 저 멀리 태자가 나무 아래 앉아 사색에 잠긴 모습이 보였다. 신기한 것은 그 주변의 나무들은 모두 해를 따라 그늘을 옮기는데, 태자가 앉아 있는 나무는 그늘을 옮기지 않고 계속 태자에게 시원한 그늘을 만들어주고 있었다. 이 모습을 본 정반왕은 자기도 모르게 아들 싯다르타 태자에게 허리를 숙여 예를 올렸다. 이때 싯다르타 태자의 명상을 도와준 나무가 염부수閻浮樹이고, 이를 일러 '염부수 아래의 정관靜觀'이라고 한다.

"내가 이제 생사의 문제를 해결하기 위하여 출가를 하나니, 이 문제를 해결하기 전에는 이 문을 다시 들어오지 않으리라. 내가 출가사문出家沙門이 되는 것은 세속을 떠나기 위해서가 아니라, 지혜와 자비의 길을 찾기 위함이라."

세속의 어떠한 환락도 결코 생사윤회의 굴레에서 벗어날 수 없음을 절감한 싯다르타는 대를 이을 수 있는 라훌라가 태어나자 드디어 출가를 한다.

"보전에 주인공이 꿈만 꾸더니 무명초 몇 해를 무성했던고. 금강보검 번쩍 깎아버리니 무한광명이 대천세계 밝게 비추네."

게송을 읊은 후 스스로 삭발한 태자는, 같은 날 태어나 친구처럼 지낸 마부 '찬나Channa'와 애마 '깐타까Kantaka'를 성으로 돌려보냈다. 그리고 지나가는 거지와 옷을 바꿔 입고 수행의 길을 나섰다.

스승을 찾아다니며 설산에서 뼈를 깎는 고행을 한 지 어언 6년. 궁극적인 깨달음에 이르기에 부족함을 느낀 싯다르타는, 고행을 그만두기로 결심하고 강물에 지친 몸을 씻었다. 마침 그곳을 지나가던 마을 소녀 수자타가 우유죽을 주었다. 기력을 회복한 싯다르타는 자리가 반듯하고 전망이 탁 트인 곳의 우람한 나무를 찾아 그 아래 길상초를 깔고 앉았다. 그리고 깨달음을 얻기 전에는 결코 이 자리에서 일어나지 않으리라는 결심을 하고 깊은 삼매에 들어갔다. 마침내 납월臘月(12월) 팔일, 완전한 깨달음인 '아뇩다라삼먁삼보리阿耨多羅三藐三菩提'를 얻어 '붓다'가 되니, 태자가 앉았던 나무는 '깨달음을 얻은 나무', 즉 '보리수菩提樹'라는 이름을 얻게 되었다.

　　"자, 아난이여, 이 두 그루 사라나무 사이에 머리가 북쪽으로 되도록 자리를 준비하여라. 나는 이제 피곤해서 누워 쉬고 싶구나."

　　아난이 자리를 펴자 부처님은 머리를 북쪽에 두고 얼굴은 서쪽으로, 오른쪽 옆구리를 자리에 붙인 채 두 발을 포개어 옆으로 누웠다. 그러자 사라나무가 갑자기 꽃을 피웠다. 부처님께서 열반에 드니 주변에 있던 나무들이 슬픔에 학처럼 하얗게 변했다고 전해지며, 지금도 정근 기도할 때 "나무 영산불멸 학수쌍존 시아본사 석가모니불"을 독송하기도 한다. 그리고 붓다의 열반을 지켜본 이 나무는 '사라쌍수沙羅雙樹'라고 하며, 인도에서 신성시되는

나무가 되었다.

부처님의 생애를 보면 중요한 사건들에 나무가 등장한다. 태어날 때는 무우수의 도움을 받았고, 농경제에 참석 후 숲속에서 명상을 할 때는 염부수 아래였다. 6년간의 고행 후 깨달음을 얻었을 때는 보리수 아래였고, 지친 몸을 이끌고 열반에 드실 때도 사라쌍수 아래였다. 초기 불교 조각에는 부처님이 있을 자리에 보리수를 표현하여 부처님을 상징하기도 했다.

부처님은 곧 존경과 귀의를 나타낸다. 귀의란 뜻의 범어는 '나모 Namo'다. 그 나모가 음사되면서 '남무南無'가 되었고, 이후 'ㅁ'이 탈락되면서 '나무'가 되었다. 나무아미타불, 나무관세음보살 등에 쓰이는 '나무'가 바로 그 나무다.

옛날에는 절을 창건할 때 반드시 은행나무를 심었다. 훗날 불상을 조각할 때 그 은행나무로 조성하기 위해서다. 우리나라 목불상은 거의 은행나무다. 그러니까 나무 속에 이미 부처님이 자리 잡고 있는 것이다. 우연인지 나무木와 나무南無는 글자가 같다. 어쩌면 우리 선조들은 나무에서 이미 부처의 성품을 보고, 귀의하는 의미에서 '나무南無'로 부르지 않았을까 하는 행복한 상상을 해본다. 그러니까 나무木는 곧 나무南無인 것이다.

인간적인, 너무나 인간적인

해인사승가대학을 졸업하고 첫 해외 성지순례지로 미얀마를 갔다. 도반 스님들과 함께 어머니들을 모시고 갔으니 효도 순례인 셈이다. 아들을 출가시킨 어머니들과 출가사문이 된 아들들이 한자리에 모여 10여 일 정도 순례를 다녔다. 지금 생각해도 두고두고 기억에 남는 행복한 순례였다.

여러 성지를 갔는데 유독 양곤에 있는 '차욱타지 와불상'이 기억에 남는다. 크기도 대단했지만, 사진으로만 봐온 와불상을 실제로 본 건 처음이었다. 그때까지만 해도 누워 있는 부처님은 모두 열반에 드신 모습인 줄 알았다. 그런데 팔을 괴고 눈을 뜨고 있으면 쉬고 있는 모습이고, 눈을 감고 팔을 베고 있으면 열반하신 모습이라고 했다.

이 와불상은 휴식불이었다. 얼굴에는 아름답게 화장도 하고, 손톱에는 분홍빛 매니큐어도 발라져 있었다. 눈과 입가에 은은하게 미소를 띠며, 마치 참배하는 불자들에게 너도 옆에 누워 쉬어가라고 하시는 것만 같았다. 미얀마 사원은 불자들의 기도처이면서 휴식처다. 청춘 남녀가 데이트도 하고, 어르신들과 아이들은 법당 한쪽에서 편안하게 누워 잠을 자기도 한다.

오래전 인도 순례길에서 쿠시나가라 열반당에 모셔진 와불을 친견했다. 정성껏 백팔배를 하고 조용히 앉아 부처님의 열반 장면을 떠올렸다. 45년 동안 중생을 위해 설법하시다가 쇠약해지고 지친 몸으로 "아난아, 나는 이제 좀 쉬고 싶구나. 사라수 아래에 자리를 깔아다오" 하고 누워 다시 일어나지 못한 붓다의 마지막 모습. 이 얼마나 가슴 찡한 인간적인 모습인가. 마치 나도 그 자리에 제자들과 함께 있는 듯하여 하염없이 눈물이 흘렀다. 나는 '가장 인간적인 삶이 가장 수행자적인 삶'이라고 생각한다. 기쁘면 웃고 슬프면 울 줄 아는, 시대의 변화에 따라서 중생들과 마음을 같이 나눌 줄 아는 그런 수행자가 진정한 수행자라고 생각한다.

부처님 역시 모습이 다양하다. 보통은 대웅전에 앉아 계시는데, 미륵반가사유상처럼 의자에 앉아 계신 부처님도 있다. 산 중턱 커다란 바위에 서서 멀리 중생들을 굽어보며 모든 소원 다 들어주겠다는 수인手印을 한 아미타부처님도 계신다. 또한 힘들면 누워 쉬기도 한다는 것을 보여주는 휴식불이 있고, 평생을 맨발로 걸어 다니시며 지친 몸으로 마침내 쿠시나가라 사라수 아래 누워 열반에 드신 열반상 부처님도 있다.

화순 운주사에 가면 편안하게 누워 하늘을 보고 계시는 부처님이 있다. 우리가 와불이라고 하는 부처님은 팔을 베고 오른쪽으로 누운 모습이다. 그런데 운주사의 와불은 아예 잠자는 듯한 모습으로 편안하게 누워 계신다. 중생을 제도하다가 힘이 들어 잠시 누워 쉬고 계시는지, 아니면 할 일을 다 마친 뒤 편안하게 누워 열반에 드셨는지 알 수는 없다.

그런데 누워 있는 것도 보통 일은 아니다. 아무 일도 안 하고 몇 백 년 동안 누워 있어 보라. 얼마나 답답하고 허리가 아프겠는가. 어쩌면 운주사 와불은 병상에서 일어나지 못하고 평생을 누워 지내야 하는 중생들의 고통을 동사섭同事攝하기 위해 누워 계시는 지도 모른다. 나도 이렇게 누워 있으니 너희도 용기를 잃지 말라며 격려해주시는 것이다.

부처님이라고 해서 맨날 앉아 있고 서 있는 것만은 아니다. 피곤하고 지치면 누워서 쉬기도 하고, 잠이 오면 잠도 자야 한다. 부처님은 신이 아니다. 우리처럼 인간 몸을 받아 이 사바세계에 오셨다가, 고행 끝에 깨달음을 이루셨다. 제자들이 탁발해주는 밥을 받아 드셔도 될 텐데 매일 직접 탁발해서 공양을 드셨다. 그리고 발우를 씻어 설거지하고 법을 설하셨다.

평생을 맨발로 다니다가 돌아가실 때는 보통 인간처럼 배탈이 나서 고생하시다가 돌아가셨다. 만약 부처님께서 돌아가실 때 공중으로 날아 올라가셨다면 어땠을까? 부처님의 근본 가르침인 '제행무상 시생멸법諸行無常 是生滅法', 즉 '꽃은 피고 지고 사람은 나면 이윽고 죽는다. 이것은 살아 있는 모든 것들의 피할 수 없는 운명이다'라는 명제에 부합하지 않았을 것이다.

이 세상 어디에도 없는 오직 단 하나, 운주사에서 하늘을 보고 누워 있는 부처님은, 인간으로 태어나 인간으로서 감내해야 할 고락을 다 겪으시고, 삶 가운데서 어떻게 하면 행복하게 살 수 있는지를 마지막 순간까지 가르치다가 인간처럼 누워서 돌아가신 가장 인간적인 부처님이다. 해탈하러 가는 길, 조금은 힘이 드셨을까? 아니면 모든 일을 마치신 뒤 편안하게 누우셨을까? 가다가 힘이 들어 잠시 앉아 졸다 넘어졌는데, 넘어진 김에 쉬어 간다고 길게 누워 계신 모습이 중생들의 눈에는 너무 오랜 시간으로 보이는 건 아닐까? 운주사 와불은 이처럼 독창적이고 개방적이면서 지역 민중들과 살아 숨 쉬는 신앙의 탁월한 보편적 가치를 지니고 있다. 할아버지 같은 푸근한 부처님, 아버지 어머니 같은 다정한 부처님, 우리 가족 같은 친근한 부처님이다.

나도 운주사 와불 곁에 누워 슬그머니 부처님 손을 잡아드리고 싶다. 그리고 부처님과 한숨 깊이 자고 싶다. 혹시 꿈속에서 부처님을 만나면 이렇게 얘기해드리고 싶다.

　"부처님, 허리 안 아프세요? 이제 그만 일어나시지요? 요즘 사바세계에 골치 아픈 일거리들이 많이 생겼답니다. 불자들의 신심도 많이 떨어졌고요. 서울 한복판 조계사에서 시원하게 특별법회 한 번 하고 오시지요. 그동안 차디찬 흙바닥에 누워 계셔 허리도 편치 않으실 텐데, 다녀오시는 동안 제가 자리 잘 정리해서 푹신한 요 깔아놓겠습니다."

　세상일은 알 수 없는 일. 단꿈을 꾸고 아침이 되었는데 "내가 너무 오래 누워 있었나? 이제 한번 일어나볼까?" 하시면서 정말 흙을 툭툭 털며 부처님이 일어나실지도 모른다. 그리고 삶의 고뇌에 힘겨워하는 중생들의 손을 일일이 잡아주시며 "힘내시게, 암만 살기가 힘들어도 살다 보면 그래도 살아볼 만한 세상이라네. 난 몇 백 년을 누워 있다가도 이렇게 일어나질 않았는가?" 하시며 등을 토닥거려주실 것만 같다.

　아직 산벚꽃 드문드문 남아 있는 아름다운 봄날 아침, 너무나 인간적인 부처님을 뵙는, 깨고 싶지 않은 긴 꿈을 꾼 듯하다.

어린왕자와 지구별 친구

사바세계 동쪽, 해 뜨는 곳 오대산에는 '깨달음학교'가 있다. 문수보살이 교장으로 계시는 이 학교에는 오백 명의 동자들이 깨달음을 얻기 위해 저마다 열심히 수행 정진했다. 그 가운데 유난히 눈에 띄는 '선재善財'라는 동자가 있었다. 부유한 장자의 집에서 태어난 선재는 일찍이 모든 불보살님을 공양하고 선지식들과 친근하게 지내는 훌륭한 구도자였다.

어느 날 문수보살이 선재의 선근善根을 알아보고 말씀하셨다. "그대를 위해 미묘한 가르침을 설하리라. 선지식을 구하여 친근히 하고 공양을 올리며 보살의 행이란 무엇인가를 배우도록 하라"고 일러주셨다. 선재동자는 뛸 듯이 기뻐하며 선지식을 찾아 보살도를 완성하겠다고 다짐하였다.

선재동자는 오랜 시간 동안 수많은 선지식을 찾아다니며 가르침을 받았다. 그리고 어느덧 공부의 완성 단계에 이르렀다. 그런데 쉰두 번째 찾아간 선지식 미륵보살님께서 "그대의 스승은 처음 공부 길을 알려주신 문수보살이니라" 하고 일러주시며 다시 찾아가 보라고 말씀하셨다.

스님들이 자주 쓰는 표현 가운데 "선재善哉 선재라" 하며 칭찬해주는 말이 있다. "착하고 착하도다"라는 말이다. 물론 선재동자의 이름과 한자는 다르지만, 선재동자의 물러남이 없는 구도 열정에 불보살님들이 감탄과 격려를 아끼지 않으셨으니, 결국 그 말이 그 말인 셈이다.

다시 '깨달음학교'로 돌아온 선재에게 문수보살은 선재의 머리를 쓰다듬으며 "만약 그대 믿음의 뿌리가 약했더라면 마음이 나약하여 이 같은 공덕을 닦는 행을 성취하지 못했을 것이다"라고 말씀하셨다. 그리고 그 믿는 마음이 없으면 근심에 빠져 정진할 마음도 사라지고 보살행을 실천할 수 없게 되며 부처님의 진리를 깨달을 수 없다고 설명하셨다. 이 가르침을 받은 선재동자는 마지막 쉰세 번째 선지식인 보현보살을 친견하고 마침내 깨달음을 얻었다.

어느 봄날, 긴 스카프를 한 노랑머리의 꼬마가 '깨달음학교'에 왔다. 모두들 처음 보는 모습에 신기해하며 떠들썩했다. 선재동자가 먼저 다가가 말을 걸었다.

"난 선재라고 해. 넌 어디서 왔니?"

"응, 나는 소행성 B612라는 곳에서 온 어린왕자야. 친구를 찾아서 여행 중인데 일곱 번째 별이 지구별이야. 사막에서 여우를 만났는데 오대산에 가면 너를 만날 수 있다고 해서 왔어."

"그래? 잘 왔어. 여긴 친구도 많이 있고 훌륭한 선생님도 많이 계셔. 나하고 같이 공부하자."

"하하, 그래. 고마워."

선재와 어린왕자는 금세 친구가 되었다.

학교에 입학하려면 교장 선생님의 허락을 받아야 하기에 선재 동자는 어린왕자를 데리고 문수보살님께 갔다.

"문수보살님, 우리 학교에 새로운 학생이 왔어요."

그런데 어린왕자는 문수보살님께 인사도 드리지 않고 다짜고짜 그림 한 장을 내밀었다.

"문수보살님은 이 그림이 뭔지 알아?"

종이에는 이상한 모자가 그려져 있었다. 문수보살님은 빙그레 웃으시며 말했다.

"오, 보아뱀이 코끼리를 삼켜 소화시키는 그림이구나."

어린왕자는 깜짝 놀랐다. 지금까지 많은 사람한테 이 그림을 보여줬지만 모두 모자라고 할 뿐 그 속에 코끼리가 있다는 것은 아무도 알아맞히지 못했기 때문이다.

"거봐, 우리 문수보살님은 대단하시다니까."

선재동자가 어깨를 으쓱하며 어린왕자에게 말했다. 문수보살님이 어린왕자의 스카프를 잘 매어주면서, "그래, 어린왕자는 지구별에 와서 무엇을 배웠니?" 하고 물으셨다.

"응, 사막에서 여우를 만났어. 그런데 중요한 것은 눈에 보이지 않기 때문에 잘 보려면 마음으로 보아야 한다고 했어. 그리고 세상에서 가장 어려운 일은 사람이 사람의 마음을 얻는 일이고, 내가 길들인 것에 대해서는 언제까지나 책임을 져야 한다고 배웠어."

"음, 그렇지. 아주 좋은 것을 배웠구나. 여기 선재동자도 많은 선생님을 찾아다니면서 마음으로 보는 공부를 배웠단다. 둘이 좋은 친구가 되겠구나."

문수보살님은 선재동자와 어린왕자의 손을 꼭 잡아주시면서 수행 길의 좋은 도반이 되라고 말씀하셨다.

"우리 산책할까? 아주 멋진 길이 있어."

선재동자가 어린왕자 손을 잡으며 말했다.

"그래, 내 별에는 산책로가 없어."

어린왕자는 조금 슬픈 듯이 이야기했다. 학교를 나서며 조금 걸어 올라가자 계곡 입구에 '선재길'이라는 팻말이 보였다. 어린왕자가 말했다.

"선재야, 저기 네 이름의 길이 있어."

"하하, 그래. 여기 스님들이 멋진 산책로를 만들어주고 내 이름을 붙여주셨어. 이젠 아주 유명해져서 사람들이 많이 와."

"이야, 선재 너는 좋겠다."

어린왕자가 부러워하자 "내가 주지 스님께 이야기해서 '어린왕자길'도 하나 만들어달라고 할까? 아마 내가 말씀드리면 네 길도 하나 만들어주실 거야" 하고 선재가 이야기했다.

"아냐, 이젠 선재하고 친구가 되었으니 이 길도 나의 길이나 마찬가지야. 난 그동안 엄마 아빠도 없이 밤하늘을 친구 삼아 홀로 지내야 했어. 근데 이제 지구별에 친구가 생겨서 난 너무 좋아. 그리고 이곳도 맘에 들어."

봄이 한창인 오대산은 온통 찬란한 새싹들로 뒤덮여 있고, 간간이 흩날리는 산벚꽃 잎이 선재와 어린왕자의 어깨 위로 떨어졌다. 아름답게 장엄莊嚴한 모습이 한 편의 그림 같았다.

"이제 내 별로 돌아가야 할 시간이야. 장미꽃에 물도 줘야 하고 분화구 청소도 해야 돼." 갑자기 어린왕자가 얘기했다.

"나도 네 별에 가면 안 돼?" 선재동자가 말했다.

"선재야, 나도 너와 같이 가고 싶지만 내 별은 너무 작아서 둘이 살 수가 없어. 내년 산벚꽃이 활짝 필 때 내가 올게."

어린왕자는 바람에 흩날리는 스카프를 다시 한 번 목에 감으며 말했다. 그때 갑자기 꽃비가 내리더니 어린왕자 뒤로 무지개가 하늘로 솟았다. 문수보살님이 어린왕자를 위해 신통을 부린 듯했다. 어린왕자는 무지개를 타고 서서히 자기 별로 돌아갔다. 선재동자는 어린왕자가 보이지 않을 때까지 손을 흔들었다.

그대, 아직도 가슴속에 어린왕자를 품고 있는가? 꽃비 내리는 봄날, 오대산 선재길을 걸어보라. 운 좋으면 어린왕자와 선재동자가 섶다리에서 놀고 있는 모습을 볼 수 있을 것이다.

그물에 걸리지 않는 바람처럼

그해 겨울, 생의 막다른 골목에서 방황하던 나는 지친 몸을 이끌고 이름 모를 암자에 들었다. 주인은 어딜 갔는지 없고 흙으로 지은 낡은 암자에는 어둠만큼이나 깊은 적막감이 돌았다. 이것저것 따질 처지가 아니었던 나는 무작정 방에 들어가 통나무처럼 쓰러져 잠을 잤다.

얼마쯤 잤을까. 밝아오는 여명에 정신을 차리며 주변을 둘러보았다. 그야말로 이슬이나 피할 정도의 토굴 수행처였다. 정신이 조금씩 들면서 벽 한쪽에 붙어 있는 하얀 종이에 시선이 쏠렸다. 가까이 다가서서 써놓은 글씨를 천천히 한 자 한 자 읽어나갔다.

소리에 놀라지 않는 사자처럼

진흙에 물들지 않는 연꽃처럼

그물에 걸리지 않는 바람처럼

무소의 뿔처럼 혼자서 가라.

"그물에 걸리지 않는 바람처럼, 그물에 걸리지 않는 바람처럼……."

이 대목에서 갑자기 목이 메어 뒤통수를 한 대 얻어맞은 듯 정신이 멍해졌다. 출가 전 교회를 다니던 나는 불교가 뭔지도 몰랐고, 알고 싶지도 않았다. 그러던 어느 날, 내 삶을 뒤흔든 사건이 발생했다. 그 무렵 심한 피로감과 함께 코피가 자주 났는데, 하루는 길을 가다가 쓰러지고 말았다. 눈떠보니 병원이었고, 의사로부터 청천벽력 같은 이야기를 들었다. 내가 혈액암이라는 것이다. 절망했다. 믿을 수가 없었다.

내가 뭘 잘못했는데, 죄라면 열심히 산 죄밖에 없는데, 내가 왜 이런 병에 걸려야 하는지 납득이 가질 않았다. 억울했다. 분노했다. '신의 섭리'라는 말은 내게 통하지 않았다. 내면에서 터져 나오는 함성은 나를 산과 바다로 끌고 다녔다. 그야말로 '광풍'이었다. 바람이 그물에 걸린 꼴이었다.

그물은 질겼다. 운명이란 씨줄과 팔자라는 날줄에 무슨 접착제라도 뿌려놓았는지, 한번 그물에 걸리자 마치 거미줄에 걸린 나비처럼 벗어날 수가 없었다. 발버둥을 칠수록 탈진 상태가 되어갔다. 더 이상 날개를 퍼덕일 힘도 없이 그저 조용히 죽음을 기다렸다. 이윽고 점점 옥죄어오는 거미줄에서 완전히 이완을 했다. 그러다가 문득 이런 생각이 들었다.

'근데 대체 누가 이 그물을 만든 거지? 난 그런 그물 따윈 필요 없어!'

그 순간 거미줄이 스르르 풀리기 시작했다. 그리고 온몸 가득 알 수 없는 평온함이 밀려왔다.

선종 6조 혜능 대사가 남방에 은거할 때다. 어느 날 인종印宗 법사가 《열반경》을 강의하는 회상會上에 갔다. 이때 바람에 깃발이 흔들리는 것을 보고 한 스님이 "깃발이 흔들린다"고 하자, 다른 스님이 "바람이 흔들린다"라며 논쟁을 했다. 그러자 혜능 대사가 이렇게 말했다.

"그것은 깃발이 흔들리는 것도 아니고 바람이 흔들리는 것도 아니다. 그대들의 마음이 흔들리는 것이다."

이 말을 듣고 인종 법사는 매우 놀랐다. 이 유명한 선문답은 5조 홍인 대사의 법을 계승한 혜능 대사가 오랜 은둔 생활을 끝내고 세상에 나오는 극적인 장면으로, 이것을 '바람과 깃발의 문답'이라 한다.

바람과 깃발이라, 이 얼마나 멋진 비유인가. 바람이 없으면 깃발은 흔들리지 않는다. 그런 까닭에 우리는 흔들리는 깃발을 통해서 바람의 존재를 인식할 수 있다. 바람의 정체성은 움직이는 것이다. 진동이며 파장이다. 움직이지 않으면 바람의 생명력은 끝난다. 우리가 '어제, 오늘 그리고 내일'이라고 이름 지을 수 있는 것은 눈에 보이는 바람, 즉 '깃발'이라는 시간이 있기 때문이다.

　그렇다면 '시간'이라는 것은 어디서 온 것인가? 그 실체는 보이지도 잡히지도 않는다. 내가 존재한다고 믿는 그 순간 마음속에 생겨났다가, 그 자리를 확인하려는 찰나 사라져버린다. 결국 존재란 머무르지 않고 흐르는 '찰나생 찰나멸刹那生 刹那滅' 하는 그 바람결에 있다. 삶은 오직 지금, 한 생각 일으키는 이 순간만이 존재할 뿐이다.

　그럼 '삶'이란 무엇인가? '아픔'이란 무엇이고 '슬픔'이란 무엇인가? '운명'이란 무엇이고 '팔자'는 또 무엇인가? 이것들은 도대체 어디에 숨어 있다가 갑자기 나타나서 깃발을 흔들어대는가? 마음속에 씨앗처럼 잠재되어 있다가 인연 조건을 만나면 비로소 바람이 되어 깃발로 나타나는 것인가? 나는 결국 그 '불치병'이라는 씨앗에 '바람'이라는 조건이 맞아떨어져 '출가'라는 깃발을 달게 된 것인가?

　작용이 있는 곳에 결과가 나타나는 법이다. 운명이란 놈에게 뒤

통수를 한 방 맞아봐야 "어이쿠, 이놈 도대체 뭐야?" 하고 꿈틀하게 된다. 사람은 살아가면서 저마다 깃발을 꽂고 산다. 어떤 바람을 만나 어떤 모습으로 흔들릴지는 아무도 모른다. 다만 깃발이 바람에 흔들릴 때면 "아, 내가 살아 있구나" 하고 슬쩍 미소 한번 지어주면 된다.

나는 오래전부터 사람은 존재가 아니라 바람이라는 생각을 했다. 그래서 문득 바람 냄새를 맡게 될 때 가슴 아린 그리움을 느끼게 되는 것이라고……. 무의식을 자극하는 근원을 알 수 없는 그리움. 불어오는 바람처럼 태어나고, 불어가는 바람처럼 사라져가는 것이 인생이다.

내 삶에서 '어제의 바람'은 병든 한 청년이 고뇌하던 질풍노도의 바람이었다. '오늘의 바람'은 불보살님의 가피로 다시 태어난 행복한 수행자의 바람이다. '내일의 바람'은 따뜻한 훈풍으로 중생들 곁으로 다가가는 바람이다. 바람(풍風)과 바람(원願)은 발음이 같다. 한 생각 일으키는 그 바람願이 삶을 존재케 하는 바람風을 일으킨다. 그래서 발음이 같지 않나 생각도 해본다. 이제 나의 바람이란 중생들을 향해 늘 깨어 있게 하는 원願이다.

인생은 지금 내가 어떤 생각과 말과 행동을 하느냐에 따라 삶의 내용이 달라진다.

"오늘은 어제의 생각에서 비롯되고, 현재의 생각은 내일의 삶을 만들어간다. 삶은 이 마음이 만들어내는 것이니, 순수하지 못한 마음으로 말과 행동을 하게 되면 고통이 따른다. 마치 수레가 소를 뒤따르듯이."

《법구경》에 나오는 말이다. 삶에는 수많은 방향이 있으며, 어떤 방향을 선택할 것인가는 지금 이 순간 나에게 달렸다. 이 '선택'이야말로 우리 인생의 가장 큰 선물이다.

나는 그물에 걸린 바람이 되어 허우적거리다가 출가라는 선택을 통해 수행자라는 큰 선물을 받은 셈이다.

틀을 깨고 나와야 다다를 수 있다

"부모님께 올립니다. 집안의 장남으로 태어나 키워주고 보살펴주신 은혜 어찌 잊을 수 있겠습니까? 그러나 이제 그 은혜 제대로 갚지도 못하고 저는 출가합니다. (…) 부디 저를 용서하시고 못난 아들 그리울 때면 열심히 공부해서 불도 이루기를 기도해주시면 고맙겠습니다. 내내 건강하소서."

밤새 가족들에게 일일이 편지를 쓰고 나서 부모님이 주무시는 방 앞에서 아홉 번 절을 했다. 낳아주신 은혜에 삼배하고 길러주신 은혜에 삼배를 드리며, 마지막으로 혹시 돌아가시더라도 찾아뵙지 못할 것을 생각하여, 아니 어쩌면 부모님보다 내가 먼저 세상을 떠날지도 몰라 미리 삼배를 드렸다.

편지를 놓아둔 마루에 눈물이 뚝뚝 흘렀다. 마당에서 집 안 곳곳을 둘러보았다. 도로 확장으로 마당이 잘려 나가기 전엔 꽤 아름다운 집이었는데, 아마 다시 이 집에 오기는 힘들 것이다.

조심스럽게 대문을 열었다. 드디어 집을 나섰다. 출가出家. 골목은 인적이 끊겨 조용했다. 멀리서 가끔 개 짖는 소리만이 밤의 적막을 깨뜨렸다. 마을을 벗어나자 남강으로 이어지는 둑방길이 나왔다. 풀잎에 맺힌 새벽이슬이 달빛에 보석처럼 빛났다. 갑자기 눈이 뿌옇게 흐려졌다. 이 첫새벽에 길을 나서는 나는 과연 누구인가? 삶은 무엇이고 죽음은 무엇인가? 하염없이 흐르는 눈물이 걸음마다 떨어졌다. 한참을 걸어서 남강 철교에 도착했다.

멀리 여명이 밝아올 무렵 먼지를 일으키며 마산행 첫차가 달려왔다. 통학하는 학생 몇 명과 어르신들이 타고 있었다. 마산에서 다시 버스를 갈아탄 나는 부산동부정류장에서 강릉 가는 버스에 몸을 실었다. 지금은 부산에서 강릉까지 직통버스로 다섯 시간 정도 걸리지만, 40여 년 전 7번 국도는 거의 하루 종일 걸리는 시간이었다. 포항을 지나 영덕으로 접어들자 본격적인 해안도로가 이어졌다. 멀리 수평선이 날카로운 비수가 되어 가슴을 도려냈다. 하늘을 나는 갈매기들은 어지러운 내 상념만큼이나 오락가락했다. 하얗게 넘실대는 파도는 지나온 나의 온 생애를 한 페이지씩 넘기는 듯했다.

강릉에 도착하니 벌써 날이 저물었다. 오대산 들어가는 버스는 진작 끊긴 상태였다. 대합실에 널려 있는 신문지를 덮고 의자에서 새우잠을 잤다. 다음 날 아침, 진부를 거쳐 월정사 가는 차를 탔다. 월정 삼거리를 지날 무렵 버스에서 가수 '해바라기'가 부르는 노래가 흘러나왔다. "모두가 이별이에요. 따뜻한 공간과도 이별. 수많은 시간과도 이별이지요. 이별이지요. 콧날이 시큰해지고 눈이 아파오네요. 이것이 슬픔이란 걸 난 알아요."

살면서 유독 기억에 남는 노래가 있다. 내게 '출가송'이 되어버린 그날의 이 노래는 내 심장에 각인이 되었다.

'아! 내가 출가하는 날 어떻게 이런 음악이 나오지? 세상도 나의 출가를 알고 슬퍼하는 건가?'

묘한 기분이 들었다. 전나무 숲길로 들어선 버스가 나를 일주문 앞에 내려주었다. '오대산 월정사'라고 써 있는 일주문이 마치 나를 기다렸다는 듯이 열려(?) 있었다. 통곡할 힘조차 빠져나가버린 텅 빈 몸에, 시원한 바람과 상큼한 숲속 기운이 온몸을 휘감았다. 드디어 '입산入山'하였다.

계곡을 따라 걷다 보니 용금루 앞에 이르렀다. 계곡물이 콸콸 소리를 내며 금강연으로 흘렀다. 물가에 있는 의자에 앉아 무심히 물결을 바라보았다. 갑자기 몸이 노곤해지더니 졸음이 쏟아졌다. 오랜 방황으로 지친 몸과 마음이 봄눈 녹듯이 무너져내렸다. 긴 의자에 누워 한숨을 잤다. 참으로 오랜만에 자는 맑고 푸른 잠이었다. 잠에서 깨니 상쾌한 기운이 온몸을 가득 채웠다.

월정사 마당으로 들어섰다. 도량을 둘러보고 나서 삼성각이라는 작은 전각으로 들어갔다. 절을 하는데 복전함에 '불교병원 건립 모금함'이라는 글이 적혀 있었다. '불교병원을 건립한다고?' 주머니를 뒤적이니 백 원짜리 동전이 나왔다. 나의 전 재산이었다. 그 돈을 시주하며 부처님과 약속했다.

"부처님, 이 못나고 억울한 중생, 운명이란 그물에 걸려 허우적거리다가 부처님 품으로 들어왔습니다. 출가수행 인연 공덕으로 이 몸의 병이 나으면, 남은 생은 덤으로 생각하고 아프고 힘든 중생들을 위해 살겠습니다."

간절한 마음으로 절을 하고 나와 법당의 부처님께도 입산 신고를 마쳤다.

"거사님은 왜 출가하셨어요? 보니 공부도 꽤 잘하셨구먼."

미리 준비해간 출가 서류를 훑어보시며 스님이 질문을 하셨다. 당시에는 출가 서류와 함께 성적증명서를 제출해야 했다.

'출가요? 아파서 죽는다기에 너무 억울해서 부처님께 한번 따져보려고 출가했지요' 하고 생각했으나, 혹시라도 받아주지 않으면 어쩌나 하는 마음에 "부처님 가르침이 너무 좋아서 수행자의 길을 걷고 싶어 출가했습니다. 저를 받아주시면 정말 열심히 수행해서 꼭 불도를 이루겠습니다" 하고 애절한 마음을 가득 담아 답했다.

"흠, 그럼 일단 객실에 가서 며칠 지내보고 마음이 결정되면 이야기하세요. 그때 정식으로 행자로 받아줄 테니까요."

행자 반장이 객실로 안내했다. 깔끔하게 정돈이 잘된 작은방이었다. 여기 오기까지 참으로 긴 시간이었다. 조용히 앉아 나의 지나온 삶을 정리해보았다. 발병 후 방황과 출가, 격동의 시간이었다.

오대산의 첫 밤을 이리저리 뒤척이다, 범종 소리에 눈을 떠보니 새벽예불 시간이었다. 방을 나서자 밤하늘에 보석을 뿌려놓은 듯 별이 총총했다. 법당 구석에 자리를 잡고 앉았다. 법당 본존불이 석굴암 부처님처럼 크고 웅장했다. "지심귀명례 삼계도사 사생자부 시아본사 석가모니불……." 마치 천상에서 들려오는 음악 같은 예불 소리가 내 지나온 삶의 모든 고뇌를 씻겨주는 듯했다.

"그래, 다시 시작이다. 하루를 살던 십 년을 살던 지금부터 사는 삶은 덤으로 사는 것이다. 나는 이제 수행자의 길을 선택했다. 지금부터의 삶은 깨달음의 등불을 켜기 위해 빛을 모으는 시간이다. 오직 간절하게 수행에만 전념하자."

'깨달음'이 무엇인가. 틀을 깨고 나와야만 다다를 수 있는 것이다. 나의 출가는 노老·병病·사死의 충격이 없었다면 결코 이루어지지 못했을 것이다.

해 질 무렵, 여운을 남기는 삶

"있잖아, 몹시 슬퍼지면 해 지는 모습을 좋아하게 돼."

생텍쥐페리가 쓴 《어린왕자》에 나오는 구절이다. 나는 언제부턴가 '노을' 하면 어린왕자가 떠올랐다. 어린왕자가 사는 별은 워낙 작아서 고개만 서쪽으로 돌리면 언제든지 노을을 볼 수 있다. 그런데 외로울 때만 보던 그 노을을, 하루는 외로움이 사무쳐 마흔네 번이나 바라보았다. 그렇게 외로웠냐는 사막에서 만난 조종사의 질문에 아무런 대답이 없는 어린왕자. 친구라곤 장미 한 송이밖에 없는 별에서 어린왕자가 느꼈을 그 외로움과 고독…….

외로움과 고독은 비슷한 것 같지만 다르다. 외로움이 환경이 주는 것이라면, 고독은 내가 선택하는 것이다. 어찌 보면 출가수행자나 작은 별에서 혼자 지내는 어린왕자나 외로움과 고독을 평생 친구처럼 안고 살아가야 하는 것은 비슷하다. 그 외로움과 고독에게 잘 어울리는 벗이 바로 노을이다. 일몰이 외로움의 친구라면, 노을은 고독의 보상이다.

무문관 수행 시절, 그 철저한 고독 속에서 화두와 씨름할 때 저녁 무렵 하늘가에 번진 노을 한 자락을 보며 얼마나 큰 위안을 얻었는지 모른다. 나는 노을을 참 좋아한다. 지금 내가 타고 다니는 자동차에도 '노을'이란 이름을 붙이고, 즐겨 듣는 음악 플레이리스트도 '노을' 옆에 넘버로 매겨두는 등 웬만한 의미 있는 것에는 노을이 빠지지 않는다.

오래전 이야기다. 어느 해 여름, 선방 결제 정진 중 좌복에서 무슨 망상이 들었는지 해제가 되자마자 자동차를 하나 빌려 만행 길을 나섰다. 아직 한낮에는 뜨거운 태양이 내리쬐는 8월, 나는 오래전부터 미뤄왔던 숙제를 해보기로 했다. 바로 '노을 여행'이다.

일전에 목포에서 파주까지 1번 국도를 종단한 경험이 있는 나는, 이번에는 동쪽 끝 부산에서 서쪽 끝 목포까지 2번 국도를 횡단해보기로 했다. 계획은 간단했다. 해 질 무렵 출발해서 서쪽 하늘에 노을이 물드는 것을 보며 어둑해질 때까지만 달리는 것이다. 그리고 숙소를 잡고 낮에는 책을 읽으며 쉬다가 저녁 무렵에 다시 출발하는 것이다.

노을 여행이라, 가슴이 설레었다. 마치 어린왕자가 노을이 사라지면 의자를 몇 걸음 더 옮겨 다시 노을을 보듯이, 하루치 노을을 보고 나면 다음 날 다시 노을이 물드는 시간에 출발해 어린왕자의 그 마음을 조금이나마 느껴보기로 했다. 어떤 날은 처절하리만큼 붉은 노을이 온 하늘을 물들인 적도 있고, 어떤 날은 잠시 나타났다가 금방 사라지기도 했다.

이 멋진 여행에 배경음악이 빠지면 재미가 없지. 그 무렵 한창 즐겨 듣던 제랄드 졸링Gerald Joling의 〈티켓 투 더 트로픽스Ticket to the tropics〉와 〈스패니시 하트Spanish Heart〉를 여행 도반으로 삼았다. 정열적인 음악을 들으며 달리노라면 마치 노을 속으로 그대로 빨려 들어가는 듯했다.

목포까지는 거의 일주일이 걸렸다. 더 이상 앞으로 나아갈 수 없는 바다에 이르러 캄캄해질 때까지 노을의 시작과 끝을 바라보았다. 숙제를 하나 마쳤다는 뿌듯함과, 알 수 없이 밀려드는 외로움을 온 가슴으로 느끼며 나의 노을 여행은 끝이 났다. 그리고 그날은 어린왕자 꿈을 꾸며 차 안에서 잠을 잤다.

나는 과연 무엇 때문에 불타는 노을을 바라보며 길을 달렸던가. 삶이 고단했던 걸까? 아니면 어린왕자만큼이나 슬펐던 걸까?

풍류는 혼자 누리되 다만 꽃과 새의 동참은 허용한다.

거기에다 안개와 노을이 찾아와 공양을 한다면 그건 받을 만하다.

장조張潮가 쓴 중국 청대 수필의 백미인 《유몽영幽夢影》에 나오는 글이다. 안개와 노을의 공양이라. 이 얼마나 멋진 표현인가. 사실 안개와 노을은 매일 수행자들에게 공양을 올리고 있지만, 나는 과연 그 공양을 받을 만한 자격이 있는지 모르겠다. 다만 늘 노을을 마음에 두고 있는 것으로 부끄러움을 대신할 뿐이다.

노을과 만행. 내 삶은 이 두 가지를 빼고 나면 별로 남는 게 없다. 그만큼 노을을 찾아 온 산하를 돌아다녀 이젠 어느 곳에 가면 어떤 노을이 좋은지도 훤히 알고 있다. 노을도 계절에 따라 조금씩 그 느낌이 다르다. 봄 하늘에 물든 노을은 마치 새색시 볼에 물드는 홍조 같다. 그러나 뿌연 하늘과 온 산하를 불태우는 꽃빛으로 인해 부끄러움 잘 타는 봄 노을은 보기가 쉽지 않다. 여름 하늘의 노을은 뜨겁다. 낮 동안 해가 부지런히 대지를 데우고 난 뒤라 노을마저 덩달아 그래야 하는 줄 알고 따라 한다. 운이 좋으면 정말 장엄한 일몰과 노을을 볼 수 있는 때가 여름 저녁이다.

가을 노을은 왠지 쓸쓸하다. 추수가 끝난 빈 들녘 위에 스러지듯이 피어오르는 노을은 우리네 삶을 관조하게 하는 마력을 뿜어낸다. 내가 제일 좋아하는 노을은 겨울 하늘에 피어나는 노을이다. 내 영혼을 맑혀주는 여러 가지 인연들이 있지만, 그 첫 번째가 바로 이것이다. 겨울 하늘은 무엇보다 티 없이 맑아서 좋다. 그 시리도록 푸른 하늘가로 번져 나오는 노을은 가만히 보고만 있어도 금방 눈에 눈물이 괼 정도다. 아마 내 평생 이루기는 힘들겠지만 어린왕자처럼 외로움이 사무치는 날 노을이 피어오르는 시간에, 지구를 하루에 딱 한 바퀴만 도는 비행기를 타고 서쪽으로 날아올라 겨울 하늘에 핀 노을을 온종일 보고 싶다.

노을 같은 삶은 여운을 남기는 삶이다. 그 사람이 머물다 간 자리에 남는 찬란한 노을 같은 여운. 온 하늘을 뒤덮다가 마침내 영혼까지 차지해버리는 사람. 인류 역사가 시작된 이래로 노을만큼 사람들의 심금을 울리는 것은 없을 것이다. 사람들은 왜 그토록 노을을 찾으며 의미를 부여하는 걸까. 노을이 아름다운 것은 그 속에서 자신을 불태우고 있는 태양이 있기 때문이다. 마치 보살이 중생들을 위해 성불을 미루고 보살행을 하는 것처럼 말이다.

"행복은 저녁노을이다. 누구에게나 보이지만, 사람들은 고개를 돌려 다른 쪽을 바라보기에 그것을 놓치기 일쑤다."

마크 트웨인Mark Twain이 한 말이다. 매일 피고 지는 노을이지만 우리는 이 기적 같은 장관을 볼 마음의 여유를 잊고 산다. 부디 오늘은 저녁 퇴근길 차 안에서, 혹은 아파트 베란다에서 따뜻한 차 한잔 마시며 노을을 맞이해보라. 이 삶이 바로 기적이다.

길 위에서

집을 나서면 길이 펼쳐진다. 길은 우리네 삶과 닮았다. 늘 갈림길이 나타나며, 우리는 그 가운데 하나를 선택해야 한다. 이 길이다 싶어 들어섰는데 길이 막혀 앞서 포기했던 다른 길로 돌아가야 할 때도 있다. 고속도로를 달리듯 질주할 때도 있고, 비포장도로를 만나 덜컹거리며 갈 때도 있다. 인생의 봄날처럼 경치 좋은 곳에 차를 세워놓고 꽃구경을 할 때도 있고, 꽃자린 줄 알고 갔다가 진흙탕에 빠져 곤욕을 치를 때도 있다.

차가 고장이 나면 견인차를 부르듯이 삶의 고단함에 허덕일 때는 누군가의 도움을 받아야 한다. 갑자기 소나기를 만나 옷이 흠뻑 젖을 때도 있고, 비 피하러 들어선 처마 밑에서 평생 배필을 만날 수도 있다. 다만 이 모든 상황은 길을 나서는 순간에는 아무도 모른다.

누구나 자기만의 인생길이 있다. 내 인생의 길을 숫자로 표현한 다면 7과 33이다. 7은 내가 출가한 월정사로 연결되는 동해안 7번 국도이고, 33은 고향에서 해인사로 연결되는 33번 국도다. 지금 쓰는 전화번호도 여기에서 나왔다. 해인사는 내가 가장 오랜 시간 머물면서 수행 정진한 곳이다.

나는 가끔 도로 번호를 하나 정해서 여행할 때가 있다. 특정한 목적지를 두고 길을 나서는 것이 아니라 도로 번호를 따라 길을 가는 것이다. 그러다 보면 평소에는 가보기 힘든 곳에 이를 때가 많다. 바로 과정의 소중함이다. 목적지를 정해서 갈 때는 그곳에 마음이 가 있기 때문에 지나쳐가는 풍경에 크게 관심을 둘 수가 없다. 그러나 과정에 의미를 두고 가다 보면 재촉하는 마음이 없어 져 여유를 갖게 된다. 그제야 비로소 사람 사는 모습이 보이고 길 가에 핀 들꽃도 바라볼 수 있다.

몇 년 전 봄 법정 스님께서 수행하시던 송광사 불일암에 다녀 왔다. 도반 현진 스님이 3년 동안 봉행한 '내 생애 꼭 가보아야 할 108암자 순례' 마지막 회향 법회를 이곳에서 했기 때문이다. 요즘 많은 곳에서 산사 순례를 하는데, 현진 스님의 암자 순례 프로그 램이 좋아 순례단에 끼어 몇 군데 가보기도 했다.

암자는 걸어서 가야 한다. 차에서 내려 몇 발짝 걷지 않아도 되는 관광 사찰과는 다르다. 땀을 뻘뻘 흘리며 몸과 마음에 찌든 삼독심을 비워내야만 마침내 부처님을 친견할 수 있다. 순례를 하면서 이 산하 곳곳에 보석처럼 숨어 있는 아름다운 암자들이 얼마나 많은지 새삼 알게 되었다. 아마 우리나라 명산들은 이 암자들이 있기에 더욱 빛이 나는지도 모른다.

　송광사는 젊은 날 율원에서 수행하던 추억이 깃든 곳이다. 방문 앞 돌담 너머에는 대숲이 우거져 있었는데, 그 사이로 난 오솔길은 감로암을 거쳐 불일암까지 이어졌다. 가끔 대숲에 바람이 불어 '쏴아쏴아~' 하는 소리가 들려오면 나도 모르게 홀린 듯 길을 나서 불일암에 간 적이 한두 번이 아니다. 그 무렵 법정 스님께서는 강원도 오두막으로 거처를 옮겨 이따금 내려오셨지만, 스님의 손길이 닿은 암자 구석구석은 정갈하기 그지없었다.

　중학생 때부터 월간 《샘터》에 실린 법정 스님의 '산방한담'을 즐겨 읽던 나는 스님의 삶에 매료되었다. 늘 불일암 구석구석을 상상하며 스님의 삶을 존경했다. 어쩌면 그때부터 벌써 출가를 꿈꾸었는지도 모른다.

　길이란 인연의 다른 말이기도 하다. 나는 출가 전 삶의 막다른 길에서 방황하다가 우연히 혼자 수행하는 어느 스님의 작은 암자에 든 것이 출가의 인연으로 이어졌다. 만약 절망해서 주저앉아 길을 나서지 않았다면 결코 수행자의 인연은 주어지지 않았을 것이다. 길을 아는 것과 걷는 것은 큰 차이가 있다. 길은 머리가 아닌 몸으로 걷는 자의 몫이다.

길과 암자, 참으로 잘 어울리는 말이다. 길은 동적이고 암자는 정적이다. 길은 걸어야 제맛이고 암자는 마루에 걸터앉아 먼 산을 바라보며 쉬어 가기 제격인 곳이다. 우리네 삶은 걷기도 하고 쉬기도 해야 한다. 걷기만 하면 지쳐 쓰러지고, 일없이 쉬기만 해도 사람답게 살 수 없다. 땀 흘리며 길을 걸어보지 않은 사람은 낡아 삐걱거리는 암자 마루의 고마움을 모른다. 온 힘을 다해 걸어온 길 끝에서 암자 툇마루에 앉아 땀을 식힐 때 문득 들려오는 풍경소리 한 자락에서 인생의 의미를 깨달을 수도 있다.

이렇듯 산다는 것은 걸어가야 할 때와 쉬어갈 때, 그리고 다시 일어나 걸어가야 할 때를 알고, 그때를 놓치지 않도록 늘 깨어 있어야 한다. 그래서 삶 자체가 기도이며 수행인 셈이다.

2013년 개봉한 이창재 감독의 영화 〈길 위에서〉는 명문대를 졸업하고 미국 유학길에서 젠Zen 센터의 경험으로 출가를 감행한 상욱 행자와, 어린 시절 절에 버려져 동진童眞 출가의 업을 지닌 선우 스님, 인터넷 검색으로 절에 왔다는 신세대형 민재 행자, 37년 동안 수행의 길을 걸었지만 여전히 그 끝을 알 수 없다는 영운 스님 등이 백흥암에 모여 수행하는 이야기다. 인생의 굴곡진 길을 걸어 마침

내 암자에서 만난 사람들. 이들은 무엇 때문에 이곳으로 왔는가?

이 영화의 초점은 '사람'에 있다. 모든 삶은 행복을 지향한다. 수행도 결국 나는 물론 다른 사람들까지 행복하게 하기 위해 하는 것이다. 고속도로를 편하게 가는 사람이든 가시밭길을 피 흘리며 가는 사람이든 모두 행복할 권리가 있다. 나처럼 출가한 수행자도 그 여정이 행복해야 하고, 길을 떠난 여행자도 길 위에서 행복해야 한다. 왜냐하면 우리 모두 행복하기 위해 길을 나섰기 때문이다. 어찌 보면 암자는 삶의 끝에서 더 나아갈 수 없는 사람들에게 마지막 한 걸음을 내디뎌 다시 일어설 수 있도록 자리를 내어주는 곳인지도 모르겠다. 어쨌든 우리는 모두 평생을 길 위에 있는 암자에 있는 셈이다.

나는 지금 어느 길 위에 서 있는가? 지나온 수많은 길과 거쳐온 암자에서 무엇과 마주쳤나? 7번 국도에서는 '삶이란 무엇인가'라는 화두와 마주쳤고, 33번 국도와 만나는 해인사에서는 '삶이란 무엇인가, 라고 생각하는 이놈은 무엇인가'라는 화두와 정면 대결했다. 이제 다시, 처음 출발했던 그 길 7번 국도 위 삼척에 서 있다. 결국 다시 '삶이란 무엇인가'이다.

내 인생의 '초우따라'

살다 보면 기억에 남는 여행이 있다. 내겐 몇 년 전 네팔 '안나푸르나 베이스캠프(일명 ABC)' 트레킹이 그렇다. 나는 오래전부터 이 순례를 꿈꿔왔다. 선방 다닐 땐 지인들에게 "내게 연락이 끊기면 설산 어느 자락에서 살다가 간 줄 알아라" 하고 이야기한 적도 있다. 부처님께서 도를 이루신 그 설산 양지바른 어디쯤엔가 토굴 하나 지어놓고, 몸과 마음이 아픈 사람들과 더불어 살며 그들을 위해 기도하다 가고 싶은 바람이 있었기 때문이다.

오래전 포카라에 갔을 때 안나푸르나 설산이 보이는 '오스트리아캠프'에서 하루 묵은 적이 있다. 그때 멀리 산 아래 보이는 '코트 단다Kot Danda'를 보며 언젠가 꼭 저곳에 가보리라 마음먹었다. 그곳은 지금 인도 기원정사 천축선원 주지이신 대인 사형 스님께서 수행센터를 짓다가 사정이 생겨 중간에 그만둔 곳이다. 순례단은 도반 천호 스님, 강원대학교 부총장을 지낸 최선도 거사님과 아내 보덕행 보살님, 그리고 희귀병으로 시한부 인생을 살다 열심히 수행한 공덕으로 새로운 삶을 살아가고 있는 이채운 보살님으로 꾸려졌다. 가이드 천호 스님만 빼면 전부 노약자인 셈이다.

설레는 마음으로 일정을 시작한 우리는 포카라를 출발하여 울레리를 거쳐 고레파니에 여장을 풀었다. 그리고 노을을 보러 푼힐 전망대에 올랐다. 이곳으로 가는 계단은 일명 '지옥계단'이라 할 정도로 일직선의 급경사 계단이 끝없이 이어진다. 심장과 폐가 약한 나는 정상에 거의 다다를 때쯤 숨이 가빠오면서 안색이 창백해졌다. 고산증이 오기 시작한 것이다. 하산하는 사람들이 나를 보고 위험하니 빨리 내려가라고 했다.

잠시 망설였다. 이렇게 힘들게 올라왔는데, 정상이 바로 저긴데, 무리를 할 것이냐 이쯤에서 포기하고 하산할 것이냐, 나는 결국 오던 길을 되돌아갔다. 지금 무리하면 남은 일정을 포기해야 할 수도 있기 때문이다. 아쉽고 안타깝더라도 때론 미련 없이 포기할 줄도 알아야 한다. 왜냐하면 그것은 능력 밖의 일이기 때문이다.

우리네 삶도 마찬가지다. 금방이라도 손에 잡힐 듯한 일이 아무리 애를 써도 안 될 때가 있다. 그땐 과감히 내려놓아야 한다. 멀리 인생 전체를 내다보고 내가 할 수 있는 일과 할 수 없는 일을 잘 알아차려야 지혜로운 삶을 살 수 있다.

다음 날, 설산의 눈부신 일출과 하얀 용들이 꿈틀거리는 듯한 준령들을 바라보며 타다파니에 도착했다. 설산 조망이 가히 압권인 이곳은 안나푸르나 사우스와 히운출리, 마차푸차레 영봉들이 한눈에 보이는 곳이다. 마차푸차레는 '물고기 꼬리'라는 뜻으로, 산봉우리 모양이 꼭 그렇게 생겼다. 네팔에서는 이곳을 신성시해서 지금도 입산을 금지한다.

손을 내밀면 금방이라도 잡힐 듯한 눈이 시리도록 푸른 하늘과 하얀 설산을 각인이라도 하듯 내 영혼 깊숙이 새겨 넣었다. 혈액암으로 어쩌면 벌써 몸을 바꿨을 수도 있었고, 허리와 무릎이 안 좋아 산책길도 조심해서 다니는 나로서는, 내딛는 걸음마다 불보살님의 가피를 실감하며 솟아나는 벅찬 기쁨을 주체하기 힘들었다.

설산에서 수행하시는 부처님 꿈을 꾼 다음 날, 이번 순례의 하이라이트인 코트 단다, 일명 '리틀 파라다이스Little Paradise'로 출발했다. 타다파니에서 리틀 파라다이스로 가는 길은 트레킹 코스가 아니라서 이쪽 지리에 훤한 사람만 갈 수 있다. 울창한 밀림으로 난 오솔길을 가는데 어디선가 아름다운 향기가 났다. 둘러보니 온 산이 천리향 군락지였다. 이런 설산에 천리향 군락지라니, 신기할 정도였다. 마치 천상의 화원에서 구름 위를 산책하는 것 같았다. 트레킹하느라 힘들었던 모든 순간이 다 보상받는 느낌이었다. 그래, 살다 보면 이런 날도 있어야지. 일행들은 모두 즐거워하며 '파라다이스'로 가는 길목답다며 황홀해했다.

드디어 리틀 파라다이스에 도착했다. 생각했던 대로 안나푸르나와 마차푸차레를 병풍처럼 둘러친 천혜의 명당이었다. 옛날에는 구룽족 왕궁터였는데 수행자들이 모여들면서 점점 알려져 '리틀 파라다이스'로 불리게 되었다. 사형 스님이 짓다 만 법당 터는 지금도 그대로 남아, 마치 이곳이 신성한 수행처라는 것을 상징적으로 보여주는 듯했다.

따사로운 햇살과 감미로운 바람결, 어느 시선에서나 눈에 담기는 안나푸르나와 마차푸차레 영봉. 며칠 동안 입어 땀에 전 옷을 바람에 말리고, 지친 몸과 마음도 모두 내려놓았다. 여기 오기까지 누구 하나 불편해하지 않았고, 오히려 힘이 들수록 서로를 아끼고 배려하는 마음들이 순례길을 더 행복하게 했다.

간밤 양철 지붕으로 떨어지는 요란한 빗소리에 잠을 설쳤다. 아침에 방문을 여니, 아! 안나푸르나 여신이 우리를 위해서 밤새 온 산을 흰 눈으로 장엄해놓으셨다. 사실 눈이 많이 녹아 제대로 된 설산을 못 본 것이 아쉬움으로 남았는데, 그 부족함을 감사하게도 채워주신 것이다.

리틀 파라다이스를 뒤로하고 안나푸르나 길목 마을인 간드룩으

로 내려갔다. 마을 초입에 들어서니 성황당처럼 생긴 곳에 마니차
摩尼車(티베트 불교에서 사용되는 불교 도구의 하나)를 만들어놓았다. 내
가 마니차를 돌리면서 "만사형통진언, 옴 노프러블럼 사바하"를
외우니 다들 재밌어하며 따라 했다. 이 진언은 누가 지어낸 것이지
만 '플라세보 효과placebo effect'가 있다.

점심 공양을 하고 차를 불렀다. 내내 흐렸던 하늘에서 비를 뿌
리기 시작했다. 비를 피해 겨우 찾아든 오두막집에서 우리는 언제
올지도 모를 차만 하염없이 기다렸다. 인생은 참으로 다이내믹하
다. 어제는 파라다이스에서 단꿈을 꾸었는데, 오늘은 남의 집 처마
밑에서 비를 피하는 신세라니……. 그나마 안나푸르나 여신의 가
피로 비라도 피할 수 있는 처마를 내어주심에 감사할 따름이었다.
어떤 상황에서도 나의 능력으로 감당하기 어려운 일이 닥치면 인
정하고 받아들이는 마음가짐, '더 안 좋을 수도 있었는데 이만하
기 다행이다'라는 생각이 우리네 인생을 다채롭고 넉넉하게 한다.

트레킹을 하다 보면 길옆에 짐꾼들이 쉬어갈 수 있는 쉼터가 있
다. 여기 말로 '초우따라'라고 한다. 우리네 고락苦樂의 인생 여정
에도 초우따라가 필요하다. 몸이야 힘들면 절로 쉬어지지만, 영혼
은 지쳐도 짐작하기 힘들다. 쓰러진 후에야 '아차!' 할 뿐이다. 미
리 알아차려야 한다. 이번 순례는 우리 모두에게 삶의 의미를 곱씹
게 해준 '내 인생의 초우따라'였다.

알고 보면 각자의 입장이 있을 뿐이다

에피소드 하나

지난 초하루 법회 때 일이다. 한참 법문을 하고 있는데 노보살님 한 분의 전화벨이 울렸다. "청춘~을 돌려다오~♬" 조용한 법당에서 울리는 벨소리는 모두 그쪽으로 시선을 쏠리게 했다. 다들 멋진(?) 벨소리에 킥킥댔다. 그러나 정작 보살님은 벨소리를 듣지 못하시는지 꺼질 때까지 가만있었다.

잠시 후 조용하던 전화벨이 다시 울렸다. 어쩌면 자식들의 안부 전화였을지도 모를 일이었다. 평소 법문 시간에 재밌는 말씀으로 대중들을 즐겁게 해주시는 보살님이라 〈감성이〉의 너그러운 마음이 '그러려니' 하고 넘어갔다.

세 번째 벨이 울렸다. 이쯤 되면 누군가가 옆구리를 한번 쳐줘야 맞다. 맘이 좀 너그러운(?) 편인 나도 누가 그래 주기를 바랐다. 그래야 법회 진행이 수월할 테니까. 그때 〈이성이〉가 약간 짜증스럽게 혼잣말을 했다. "아니, 세 번은 너무하잖아. 나가서 전화를 받던지, 아니면 전화기를 꺼야지. 남한테 피해를 주면 되겠어?"

대중의 눈치를 살피다가 결국 내가 〈주관이〉의 입을 빌려 보살님께 한마디 했다. "보살님, 부탁이 있어요. 다음부턴 법회 때 전화기를 좀 꺼주시면 고맙겠습니다. 벨소리 때문에 하던 법문을 잊어먹었어요." 그러자 보살님께서 큰소리로 말씀하셨다. "스님, 뭐라고요? 제가요, 귀가 어두워서 잘 안 들려요. 전화기도 끌 줄을 몰라요. 죄송합니다." 대중이 "와~" 하고 웃었다. 지나가던 〈객관이〉가 노보살님을 향해 "나이 들면 그럴 수도 있지요, 뭐. 하하~" 하며 대수롭지 않게 이야기했다.

에피소드 둘

하루는 길을 가다가 신호에 걸려 차를 세웠다. 그런데 갑자기 내 앞차와 그 차 앞에 있는 트럭 운전자끼리 싸움이 붙었다. 내다보니 초보운전 보살님이 신호 대기 중인 트럭을 들이받은 것이었다.

"어머 어떡해. 큰일 났네."

보살님은 어쩔 줄을 모르고 쩔쩔매고 있었다. 트럭 기사가 목덜

미를 잡고 눈을 부릅뜨며 고함을 쳤다.

"이 아줌마가 운전을 어떻게 하는 거야. 응? 왜 가만히 있는 차를 들이받어. 이제 어떡할 거야?"

"아저씨, 죄송해요. 제가 초보라서요. 보험사에 연락해서 보상 처리 바로 해드리겠습니다."

"아, 그건 아줌마가 알아서 할 일이고 난 아무래도 목뼈가 이상한 것 같으니까 병원 가야겠어."

아줌마는 거의 울기 직전이었다. 이 모든 것을 지켜보고 있던 내가 차에서 내려 두 분에게 다가갔다.

"아저씨, 아줌마가 초보라서 실수로 살짝 들이받은 것 같은데, 아줌마 차가 많이 찌그러졌고, 아저씨 차는 별로 표시도 안 나니 적당한 선에서 서로 합의 보는 것이 좋겠네요. 두 분 차에 다 염주가 걸린 걸 보니 불자 같은데, 서로 조금씩 이해하고 좋게 마무리하시지요?"

화를 내긴 했지만 초보 아줌마의 작은 실수임을 안 아저씨가 머리를 긁적이며 말했다.

"스님 말씀 듣고 보니 그렇네요. 아줌마, 내 차는 별로 표시도 안 나니 그냥 가세요. 그나저나 아줌마는 다친 데 없어요?"

"아이고, 아저씨 고맙습니다. 전 어디가 아픈지도 모르겠어요. 그래도 병원 가보시고 아픈 데 있으면 치료 잘 받으세요. 저한테

꼭 연락주시고요."

보살님은 연신 허리를 굽신거리며 고마움을 표했고, 사고 차량들이 합의를 보자 꽉 막혔던 도로는 금세 뚫렸다. 〈주관이〉와 〈이성이〉가 〈객관이〉와 〈감성이〉의 덕을 본 것이다.

"감성과 이성의 중요한 차이는 감성은 행동으로 이어지는 반면 이성은 결론으로 이어진다는 점이다"라고 캐나다 신경학자 도널드 칸Donald Calne이 말했다. 그렇다. 행동의 진정한 변화를 가져오려면 논리적인 설득과 감성적인 울림이 어우러져야 한다.

해인사 학인 시절, 도반들이 각자 특성을 살려 '해인총림 20대 존자'라고 재미 삼아 이름을 붙인 적이 있다. 나는 '감성제일존자'로 불렸다. 무슨 일이든지, 무엇을 보든지 "이야!" 하며 감탄을 잘해서 생긴 별명이다. 그러니까 다른 말로 하면 '감탄제일존자'가된 것이다.

감성은 감정에서 나온다. 획 하나 차이인데 둘의 차이는 크다. 감정은 누구나 있지만 감성은 그렇지 않다. 어떤 일이 생겼을 때 일어나는 감정들을 알아차리는 것이 감성이다. 그런데 그걸 알아차리는 것이 보통 일이 아니다. 습관이 모여 업식業識으로 형성되기 때문이다.

우리는 살아가면서 감성이 아닌 감정에 휘둘리는 경우가 많다.

이런 경우 대체로 후회하는 일이 생긴다. 감성이 부족하면 감사할 일이 없고, 감사할 일이 없으면 감탄할 일도 없다. 그렇게 되면 자연히 인생은 재미없고 무미건조해진다. 그러니까 살아가면서 감탄할 일을 많이 만들어야 한다. 작은 일에도 진실로 감사하면 감탄사가 절로 나온다. 사실 우리는 일상 속에서 기적을 살고 있지만, 그것이 기적인 줄을 모른다.

"나, 상당히 객관적인 사람이야. 이거 왜 이래?" 하면서 따지고 드는 사람이 있다. 그러나 그 객관이란 것은 그 사람의 주장이고 알음알이이며 소견일 가능성이 크다. 알고 있는 지식을 총동원해서 자기를 합리화하며 내세우는 것이 '객관적'이라는 말로 포장되어 나올 뿐이다. 결국 모든 일은 주관적 입장에서 비롯되는 것이다.

감성과 이성, 주관과 객관의 경계는 모호하다. 알고 보면 모든 것이 주관적이면서 객관적이다. 즉 주관과 객관이 따로 있는 게 아니다. 각자의 입장이 있을 뿐이다. 부처님 가르침으로 보자면, 인因이 있고 연緣이 있으며 그에 따른 결과結果가 있을 뿐이다. 그것만이 보편타당한 진리다.

《금강경》에는 '나'라는 상相이 없으면 시비是非가 없다고 했다. 행복과 불행은 '나'의 견해에 있다. 열 가지 일 가운데 일곱 가지 일은 이루고 세 가지는 못 이루었다고 치자. 세 가지 못 이룬 일을 '주관적 마음'에 두고 끙끙대며 살 것인지, 일곱 가지 이룬 '객관적

일'에 마음을 두고 편하게 살 것인지는 나의 선택에 달렸다.

다음 법회 때는 시작하기 전에 주관과 객관을 꿰뚫는 직관과, 감성과 이성을 아우르는 지성으로 한마디 하고 시작해야겠다.

"자, 여러분. 모두 핸드폰 꺼내세요. 그리고 전원을 꺼주세요. 잘 못 하시는 분은 옆에서 도와주시기 바랍니다. 다 됐지요? 그럼 기도 시작하겠습니다."

스미고 번져나가 피어나는 것

"스님, 제 마음이 불안합니다. 스님께서 편안하게 해주십시오."

"불안한 네 마음을 가져오너라. 그러면 편안하게 해주리라."

"아무리 찾아도 그 마음을 찾을 수 없습니다."

"내가 이미 너를 편안케 하였느니라."

선종에서는 너무나도 유명한 달마대사와 제자 혜가의 문답이다. 스승을 찾아 힘들게 소림굴까지 간 혜가는 허리까지 오는 눈속에서 법을 구하였다. 그러나 근기를 시험하는 달마대사는 혜가를 거들떠보지도 않았다. 결국 왼팔을 잘라 구도의 결연한 의지를 보이자 비로소 제자로 받아들였다.

9년 동안 두문불출 면벽 좌선을 하며 제대로 된 제자를 기다린

달마대사와, 막힌 공부를 시원하게 뚫어줄 스승을 찾아 나선 혜가의 극적인 만남이 바로 이 장면 '혜가단비慧可斷臂'다. 제자의 무르익은 공부를 알아차리고 마지막 손가락 한번 튕겨주는 스승과, 그 한 방을 제대로 알아차려 깨달음에 이른 제자. 불가에서 스승과 제자의 관계를 상징적으로 보여주는 장면이다.

무문관에서 수행할 때다. 어느 날 방으로 벌이 한 마리 날아들었다. 한참을 여기저기 날아다니더니 문에 있는 유리에 붙었다. 그런데 유리 위에서만 맴돌 뿐 밖으로 나가질 못하는 것이었다. 문 아래쪽에 틈을 만들어놓고 그쪽으로 살살 유도해도 그쪽은 본체만체하고 더더욱 자기 고집만 피우며 몇 시간을 발버둥 쳤다.

좌선하는 코앞에서 벌이 앵앵거리며 날아다니니 정진이 제대로 될 리 없었다. 바로 옆에 나가는 곳이 있는데도 굳이 꽉 막힌 유리와 씨름하고 있는 한심한 벌을 보고 있으니, 학인 시절 해인사 보경당에 있던 벽화가 생각났다. 〈귀래위아개배歸來爲我揩背〉란 제목이었는데, '돌아와서 나를 위해 등을 밀어다오'란 뜻이다.

중국 당나라 때 신찬 스님이 있었다. 출가하여 고향의 대중사에서 은사 계현 스님을 모시고 살았다. 이후 백장 스님 문하에 가서 깨달음을 성취하고 돌아왔으나, 은사 스님은 여전히 글만 들여다볼 뿐 자성을 깨치지 못하고 있었다. 어떻게 하면 은사를 깨달음으로 이끌어드릴까 궁리하던 중 어느 날 목욕탕에서 스님의 등을 밀어드리게 되었다.

열심히 때를 밀다가 갑자기 스님의 등을 한 대 치며 "법당은 참 좋은데 부처가 영험이 없구나"라고 하니, 은사가 깜짝 놀라 고개를 돌려 쳐다보았다. 제자가 다시 "영험도 없는 부처가 방광放光은 할 줄 아는구나"라고 하였다. 좋은 법당이란 육신을 두고 한 말이고, 영험이 없다는 것은 깨달음이 없다는 뜻이다. 보통 이 정도 같으면 제자 귓방망이를 후려칠 만도 한데 뜻밖에도 스승은 느끼는 바가 있어 그대로 목욕을 마쳤다.

얼마 뒤 스승이 햇빛 잘 드는 창 아래서 한쪽 창문을 열어놓고 경전을 읽고 있었다. 마침 벌이 한 마리 방에 들어와 열려 있는 문으로는 나가지 않고 닫힌 종이 창문에 붙어 밖으로 나가려고 계속하여 부딪히고 있었다. 그것을 보고 있던 제자가 시를 한 수 읊었다.

"빈 문으로 나가지 아니하고 종이 창문에 부딪히니 참으로 어리석구나. 백 년 동안 옛 종이를 비벼댄들 어느 날에 나갈 기약이 있으리오."

심상치 않은 상좌의 말에 정신을 차린 은사가 그제야 자초지종을 물으니, 백장 스님 문하에서 깨쳐 인가를 받고 돌아왔다고 했다. 스승이 곧바로 대종을 쳐서 대중들을 모으고 법석法席을 마련하였다. 상좌를 법상에 올려 앉히고 자신은 밑에 앉아 제자가 되어 법문을 청했다.

"신령스러운 빛이 홀로 비치어 근진을 벗어나며 체는 진상이 드러나 문자에 걸리지 아니하네. 참된 성품은 물듦이 없어 본래 스스로 원성하나니 다만 망연을 여의면 곧 여여불이라."

스승이 그 말에 바로 깨달았다 한다.

이 고사가 어찌 공부 길에만 해당되겠는가. 바로 옆에 밖으로 나가는, 진리로 향하는 문제 해결의 문이 활짝 열려 있는데도 우매한 중생들은 그것을 모른 채 그저 자기 앞에 있는 창호지만 뚫고 나가려고 발버둥 치며 살고 있다. 다행히 훌륭한 스승을 만나 그 길로 나가는 방법을 알면 생사 해탈도 하고 골치 아픈 문젯거리도 시원하게 해결될 것이다.

'줄탁동시啐啄同時'라는 말이 있다. 알 속에서 자란 병아리가 때가 되면 알 밖으로 나오기 위해 껍데기 안쪽을 쪼는데 이를 '줄'이라 하고, 어미 닭이 병아리 소리를 듣고 새끼가 알 깨는 것을 도와주는 것을 '탁'이라고 한다. 즉 병아리는 깨달음을 향하여 앞으로 나아가는 수행자요, 어미 닭은 수행자에게 깨우침의 방법을 일러주는 스승과도 같다. 쪼는 행위는 안과 밖에서 동시에 일어나야 하는데, 스승이 제자를 깨쳐주는 것도 이와 같다. 줄탁동시의 묘妙는 바로 기다림과 타이밍인 것이다. 이 시점이 일치해야 비로소 진정한 깨달음이 일어난다.

얼마 전 노사문제로 갈등을 겪고 있는 사람이 찾아와 차 한잔을 나눈 적이 있다. 마침 쓰고 있던 '줄탁동시'라는 글 주제를 화제 삼아 이야기를 하게 되었다. 내용을 쉽게 설명해달라기에 농담 삼아 "그러니까 줄탁동시란, 동시에 줄을 '탁' 하고 놓는 거예요" 하고 웃은 적이 있다. 당시 노사문제로 골치를 앓던 그분은 무릎을 탁 치며 "이야! 바로 우리가 배워야 할 이야기네요" 하셨다.

줄탁동시는 두 가지 일이 동시에 행해져야 하는 것과 그 타이밍을 놓쳐서는 안 된다는 뜻을 함께 가지고 있다. 즉 서로 협력해야 한다는 뜻이다. 어쩌면 지금 이 시대, 서로 자기 쪽으로만 당기고 있는 줄에 조금씩 힘을 빼서 동시에 탁 놓아버리면 상생하는 길이 열릴지도 모르겠다.

스님은 스승님의 줄인 말이다. 스승과 제자는 1천 겁을 통해 만나 찰나를 통해 깨달음을 주고받는다. 진정한 스승이란 의식의 변화를 일으켜 삶에 영향을 주는 사람이다. 스승의 가르침은 스미고 번져나가야 자연스럽게 피어난다. 나도 모르게 스승에게 물이 들어 그 스승을 닮아가는 것, 가르침은 그런 것이다.

알고 보면 세상에 스승 아닌 것이 없고, 늘 서로에게 가르침을 주고 있으니 내가 스승 되지 않음이 없다. 스승과 제자는 서로의 공부를 탁마하고 이끌어주어 마침내 완성에 이르게 된다. 제자가 곧 스승이고 스승이 곧 제자다. 자타불이自他不二다.

어제는 우화雨花, 오늘은 금화今花

세상의 꽃은 모두 아름답다. 저택 정원에서 우아하게 뽐내고 있는 백합이든, 깊은 산중 누가 봐주지 않아도 홀로 핀 들꽃이든 아름답긴 마찬가지다. 왜 아름다운가? 피어 있기 때문이다. 꽃의 생애 가운데서 가장 찬란한 순간, 오직 이 순간을 위해 애쓴 것이 빛을 내고 있기 때문이다.

그러나 알고 보면 싹을 틔워 떡잎을 내밀고 대지에 몸을 맡긴 순간부터 꽃이 아닌 순간은 없었다. 꽃을 피워내기 위해 얼마나 힘들게 비바람 눈서리를 견뎌냈겠는가. 다만 그 모든 과정의 결정체가 꽃으로 드러난 것일 뿐이다.

꽃을 볼 때는 생애 전부를 볼 수 있어야 한다. 처음 싹을 틔울

때부터 꽃이 피고 져 마침내 처음 왔던 곳으로 돌아가기까지 전 과정을 말이다. 그리하면 꽃 한 송이가 필 때 우주도 같이 피어나는 도리를 알게 될 것이다.

세상 모든 일에는 저마다 사연이 있다. 결코 혼자서 이루어지는 것은 없다. 이것이 있으므로 저것이 있고, 이것이 없어지면 저것도 없어진다. 우리네 삶도 마찬가지다. 살아가면서 수많은 인연의 도움이 있어야 마침내 아름다운 꽃을 피울 수 있다.

가끔 잊고 있던 추억이 소환될 때가 있다. 길 가다가 음악다방에서 틀어놓은 흘러간 유행가에서 잊고 지내던 친구가 떠오르기도 하고, 명상 삼매에 들었다가 오래전 돈 떼먹고 도망간 동료가 생각나기도 한다. 또 꽃샘추위에도 짙은 향기로 봄소식을 알려주는 프리지어는 졸업식 때 받은 꽃다발을 떠올리게 하고, 꽃집 앞 진열장에 놓인 꽃바구니 앞에서 프러포즈할 때 수줍어하던 아내의 미소가 소환되기도 한다.

꽃을 소환한다는 것은 곧 추억을 불러들이는 일이다. 나에게는 유년 시절을 소환하는 꽃이 있다. 오월이면 법당 앞 화단에서 자주색으로 화사하게 피는 달개비가 바로 그렇다. 달개비는 고향 집 장독간 한쪽을 떡하니 차지하고 마치 장독들과 친구처럼 어울렸다. 어쩌면 달개비꽃들의 수다로 장이 더 맛있었는지도 모른다. 한 가지 더 있다. 초가집 동쪽 건너편에 있는 '의령 남씨' 재실 울타리에 가득 핀 벚꽃이다. 지금도 벚꽃만 보면 그 시절로 데려다주는 타임머신을 탄 듯해 신기할 따름이다.

살다 보면 꽃을 소환하고 싶어질 때가 있다. 아름다운 소환일 때야 문제가 없다. 사람은 추억을 먹고 산다고 하지 않는가? 그런데 선물한 꽃을 돌려받고 싶다면 좀 곤란하다. 본전 생각이 나니 아예 물려달라는 것이다. 준 꽃은 돌려받기도 힘들거니와 한번 흘러간 시간을 되돌린다는 것은 불가능하다.

꽃을 줄 때 마음은 아름답다. 사랑이 불타오를 때는 세상에서 제일 아름다운 꽃들로 고백을 한다. 그러나 그 마음이란 것이 묘하다. 시시각각 변하다가 어느 날 갑자기 시들해진다. 마치 꽃이 시들어버리듯이 말이다. 벌써 흘러간 순간이 되어버리는 것이다. 사랑이 식었다는 둥, 내게 어떻게 이럴 수가 있냐는 둥 하는 것은 뭘 몰라서 하는 소리다. 《금강경》에도 '과거심도 불가득이요, 미래심도 불가득이라過去心不可得 未來心不可得' 했는데, 어떻게 마음이 늘 그 자리에 머물러 있을 수 있겠는가.

그러고 보면 꽃을 소환한다는 것은 별 의미가 없다. 피기 전의 꽃봉오리와 활짝 핀 꽃, 그리고 시들어가는 꽃과 져버린 꽃이 있을 뿐이다. 모두가 꽃이지만 돌아보면 다 소환 대상이다. 실체도 없는 마음이란 놈이 소환장을 내밀고 있을 뿐이다.

'황금'이란 꽃이 지나간 시간이라면, '지금'이란 꽃은 내가 얼마든지 쓸 수 있는 금이다. 살다가 문득 마음을 담아 누군가에게 준 꽃을 소환하고 싶을 때는 잘 생각해야 한다. 언젠가 '지금'이라는 꽃도 다시 소환될 가능성이 크기 때문이다. 이는 인생을 꽃피우기 위해 온 정성으로 살아온 아름다운 내 삶을 부정하는 것이나 다름없다. 지금 돌아보니 안타깝고 아쉬울 따름이지만 그 순간순간들이 모두 내 인생의 꽃봉오리였던 것이다.

가을은 대지가 만물을 소환하는 계절이다. 봄에 내보냈던 생명을 거두어들이는 시기다. 뜨락에는 떨어진 꽃잎이 마치 한 폭의 수채화를 그려놓은 듯하다. 꽃이 져야 씨앗이 생긴다. 꽃이 아름다움만 자랑하느라 지기를 거부한다면 진정한 꽃이라고 할 수 없다. 위대한 포기, 대지의 소환에 온전히 자신을 내던져야 한다. 꽃을 소환한 그 자리에 비로소 열매가 맺기 때문이다.

세상 모든 기쁜 일과 슬픈 일에는 항상 꽃이 존재한다. 꽃이란 곧 기쁨과 슬픔의 상징이다. 물론 그러거나 말거나 대부분의 꽃은 산과 들에 고고하게 피었다가 한생을 멋지게 살다 간다. 운명이 소환하고 부처님께서 거두신 내 인생의 꽃은 그때는 우화雨花였고, 지금은 금화今花다. 그때는 쓰디썼는데 알고 보니 뒤 끝이 달았다. 마치 진한 에스프레소 커피처럼 말이다. 이제 나의 뜨락은 '우화'와 '금화'가 어우러진 꽃들로 다채롭다. 그래서 내 삶의 소환지는 '지금 이곳, 함께 행복'이란 아름다운 꽃밭이다.

스쳐간 일상에 부처 아님이 없다

출가수행자에게 '출퇴근'이라는 말은 좀 어색하다. 서울 총무원에서 소임 보는 '수도승首都僧' 스님들이야 출퇴근하는 것이 당연하지만, 강원도 산골 주지가 출퇴근한다는 것은 어째 이상하다. 엎어지면 코 닿을 데가 종무소이다 보니 굳이 이름을 붙이자면 '재택근무'인 셈이다.

오래전 월정사에서 단기출가학교장 소임을 볼 때는 몇 년 동안 영월에 있는 작은 암자 금몽암에서 출퇴근을 한 적이 있다. 서강에서 평창강으로 이어지는 그 길은 가히 환상적인 드라이브 코스였다. 그 길 위에서 꽃비 흩날리는 봄을 맞았고, 황금빛 자작나무 잎들이 반짝이는 가을이 몇 번 지나갔다. 아무리 생각해도 그렇게 아름다운 출퇴근길은 내 인생에 다시는 없을 것이다.

지금은 출근길이 불과 100미터도 안 된다. 그래도 출근은 출근이다. 그런데 얼마 되지 않는 그 길 위에서도 사바세계의 온갖 일들이 존재한다. 출근(?) 시간이 되면 방문을 나서 앞산 검은 봉우리를 바라보며 인사를 건넨다. 서산대사가 이곳에 머무실 때 검은 산을 보고 '흑악사黑岳寺'라고 이름 지으신 그 봉우리다. 그 오랜 세월 도량을 굽어보며 신장 역할을 하셨을 게다.

마당을 지나 정원으로 들어서면 커다란 자목련 나무가 반긴다. 목련불佛이다. 목련꽃이 만개할 즈음 출근길은 꽃길이 된다. 법당에서 몇백 년 동안 앉아 있는 우리 부처님이 그냥 가만히 앉아만 있는 것이 아니다. 봄이 되면 목련꽃으로 화현해서 중생들에게 기쁨을 주고, 가을에는 단풍잎으로 변신해서 중생을 제도하신다. 천수천안관세음보살이나 천백억화신 석가모니불이 왜 생겨났겠는가? 중생들이 살아가는 모든 곳에서 그들이 필요로 하는 대상이 되어 아픈 상처를 보듬어주고 삶의 희망이 되어주기 위함이다. 때론 자목련으로, 때론 단풍잎으로, 때론 찬란한 일출로, 때론 아름다운 노을로…….

목련불을 지나면 모과나무가 기다리고 있다. 누가 못생긴 사람을 보고 모과같이 생겼다고 했는가? 천만의 말씀이다. 가을에 잘 익어 땅에 떨어진 노란 모과의 향기를 맡아보라. 천상의 향기가 난다. 가을이면 이 모과불佛 몇 분을 차 안에 모셔 겨울이 올 때까지 향기로운 법문을 청해 듣는다.

이어 신우대로 만든 사립문을 나서면 바로 범종각이다. 부처님 이야 팔만사천법문으로 중생을 제도하시지만, 그래도 큰 소리로 시원하게 울림을 주는 것은 역시 범종불佛이 제일이다. 범종 한 방이면 온 산천이 이 소리에 귀를 기울이며 조용해진다.

종각을 지나면 바로 계단이 나온다. 몇 개 되지 않는 계단이지만 평소 운동이라곤 숨쉬기운동밖에 하지 않는 나에게 운동을 시켜주기 위해서 대기하고 계신 계단불佛이시다. 감사한 마음으로 부처님의 가르침을 따를 수밖에 없다. 근기가 약한 중생에겐 때론 야단을 쳐서라도 바른길로 이끄시는 것이다.

계단을 올라가면 불두화나무가 있는 화단이 보인다. 수국과 비슷한데 꽃 모양이 부처님 머리를 닮았다고 해서 붙여진 이름이다. 꽃도 알맞게 부처님오신날쯤 피어 봉축 분위기를 돋운다. 봄에는 이 나무에 부처님이 주렁주렁 나투신다.

화단을 지나 누각에 올라서면 법당이 나온다. 직장인이라면 사장님과 상사들에게 출근 인사를 드려야겠지만, 나는 부처님께 인사드리고 종무소 문을 연다. 하루에 몇 통 걸려오는 전화와 가끔 등산로를 묻는 길손들 말고는 거의 업무 볼 일이 없다. 창밖으로 바람에 흔들리는 수수꽃다리 잎을 보다가, 문 앞에 와서 뭐 먹을 것 없냐며 애처로운 눈빛 몇 번 깜박이는 다람쥐와 눈 맞추다가, 꾸벅꾸벅 졸다 보면 어느새 퇴근 시간이다. 이렇게 아름다운 사무실에서 부처님 일을 하고 있는 나는 얼마나 행복한가.

도시인들의 삶은 출퇴근과의 전쟁이다. 만행 다니다가 그 시간에 지하철을 타면 거의 아수라장이다. 빳빳이 풀 먹인 무명 두루마기에 걸망을 메고 서 있으면 이 사람이 툭 치고, 저 사람이 건드려서 가만히 서 있기도 힘들다. 세상 사람들은 이렇게들 바쁘고 힘들게 살아가고 있다니. 무한 생존경쟁에서 살아남기 위해 얼굴들은 지치고 힘들어 짜증스럽게 일그러져 있다. 그들에게 지금 당신 곁의 사람이 부처님이라고 말하면 피식 웃을 것이다. 내 영혼 속에 잠자고 있는 부처의 씨앗이 싹트지 않으면 설사 내 앞에 부처님이 나타나신다 해도 믿지 않을 것이다.

신라 자장율사가 나이가 들어 정선에 정암사를 짓고 문수보살을 친견하기 위해 기도를 하고 있었다. 하루는 어떤 사람이 죽은 개를 망태기에 메고 거지 차림으로 왔기에 미친 사람이라 생각하고 만나주지 않았다. 이에 거지가 문수보살로 변하여 "아상我相을 가진 자가 어찌 나를 볼 수 있으리오" 하면서 망태기를 뒤집자 죽은 개가 푸른 사자보좌獅子寶座로 변하였고, 보살은 그 보좌에 앉아 빛을 내면서 사라졌다. 자장율사가 급히 따라갔지만 이미 문수보살은 사라진 뒤였다.

영화 〈어바웃 타임〉을 보면 행복을 위한 2단계 공식이 나온다. 첫 번째는 일단 평범한 삶을 사는 것이다. 두 번째는 전날과 거의 똑같이 하루를 사는 것이다. 처음에는 긴장과 걱정 때문에 볼 수 없었던 세상의 아름다움을 두 번째 살면서는 제대로 느끼면서 말이다. 어쩌면 우리는 오늘을 살기 위해 미래에서 시간여행을 하러 왔는지도 모른다. 그러니까 미래에 살다가 문득 지난날 아쉬웠던 순간을 다시 살아보기 위해 오늘을 살고 있는지 어찌 알겠는가?

그러면 어떻게 살아야 하는가. 나도 먹고살기 힘들어 죽겠는데 도움 청하는 사람들을 바쁘다는 핑계로 내 알 바 아니라며 내쳤던 그들이, 다시 생각해보니 결국 나를 살리기 위해 찾아온 부처님이었음을 깨닫는다. 결국 그때 그들의 소리를 들을 줄 알아야 했던 것이다. 그때 적선을 해서 공덕을 지어야 했던 것이다. 그러니까 먼 훗날 후회하지 말고 지금 이 순간 실수하지 않으면 되는 것이다.

부처님은 그윽한 산사 법당에만 계시는 것이 아니다. 지하철 계단에서 구걸하는 거지가 오늘 내게 공덕을 짓게 하는 부처로 화현해서 나타날 수도 있다. 출근길에 인사한 모든 사람이 부처님이고, 퇴근길 무심히 스쳐간 일상에 부처 아님이 없다.

우주에 존재하는 모든 것에는 불성佛性이 있다. 중생공양衆生供養이 제불공양諸佛供養이다. 부처를 멀리서 찾지 마라. 지금 내 곁에 있는 그 사람이 바로 부처님이다.

늙어가는 것에 대하여

"삶이 진행되는 동안은 삶의 의미를 확정할 수 없기에 죽음은 반드시 필요하다."

이탈리아 영화감독 피에르 파올로 파졸리니(1922~1975)가 한 말이다. 죽음이 있기에 삶이 더욱 소중하다는 것을 극명하게 표현한 말이다. 결국 산다는 것은 늙어가는 것이다.

며칠 전 한 신도님이 와서 상담을 청했다. 홀로 친정어머니를 모시고 사는데 몇 년 전 치매에 걸렸다고 했다. 나름 봉양한다고 애를 썼지만 생계를 유지하며 틈틈이 간병하기에는 너무 힘에 부쳐 하는 수 없이 지역에 있는 요양원에 모셨단다.

그런데 그날부터 신도님은 잠을 이룰 수가 없었다. 몸은 전보다

편해졌지만 어쩐지 어머니를 요양원에 버려두고 온 것 같은 죄책
감에 잠을 잘 수가 없었던 것이다. 한동안 고민하다가 힘들어도 집
에서 시봉하는 것이 맘 편할 것 같아 어머니를 다시 모셔왔단다.
그런데 이제는 신도님이 지치고 힘들어 몸도 마음도 점점 병들어
가고 있었다. 어머니를 모셔야 한다는 인륜과, 나도 어쩔 수 없이
살아야 되지 않겠냐는 이기심 가운데서 갈등하며 고통 받고 있었
다. 참으로 난감한 상황이었다.

　신도님의 말씀을 다 듣고 난 후 조심스럽게 이야기를 꺼냈다.

　"보살님, 얼마나 힘이 드세요? 말씀을 듣고 나니 보살님은 어머
니께 할 도리를 다하신 것 같습니다. 그래도 어머니 간병 때문에
보살님의 삶까지 포기할 순 없지 않습니까? 이제 그만 요양원으로
다시 모시는 것이 좋을 듯합니다. 요즘 요양원도 시설이 잘되어 있
어서 보살님께서 모시는 것보다 더 나을 수도 있습니다. 어쩌면 어
머니께서도 그리해주길 바랄지도 모릅니다."

　"정말 그래도 될까요?" 신도님이 눈물을 닦으며 말했다.

　"네, 그리하십시오. 그리고 어머니가 여생을 편히 보낼 수 있도
록 자주 찾아뵙고 잘 챙겨드리면 됩니다."

　겨우 기운을 차리고 산을 내려가는 신도님의 뒷모습이 휘청거
렸다. 산그늘 내리는 동짓달 차가운 바람이 도량을 한 바퀴 휩쓸고
지나갔다.

절 가까운 곳에 수행하는 공동체가 있다. 사부대중이 모여서 수행을 하는 곳인데, 언젠가 지도하는 스님께 수행의 목적을 여쭌 적이 있다. 스님의 대답은 간단했다.

"잘 죽기 위해서 수행합니다."

'깨달음'이니 '중생구제'니, 이런 거창한 대답을 기대했던 나는 내심 놀랐다. 잘 죽기 위해서 수행한다니…….

그러나 곰곰 생각해보니 정말 맞는 말씀이었다. '잘 죽기 위해서'는 잘 살아야 한다. 잘 살기 위해서는 몸과 마음을 바르게 하여 건강하고 행복한 삶을 살아야 하는 전제가 따른다. 수행자가 먼저 건강하고 행복해야 그 가르침을 신도들께도 잘 전할 수 있지 않겠는가. 평소 엉망으로 사는 사람이 잘 늙고 잘 죽을 수는 없다. 어찌 보면 우리 인생은 '어떻게 하면 잘 죽을까?' 하고 아등바등 사는 것인지도 모른다.

요즘 같은 장수 시대에 병원 침대에 누워 몸 여기저기 호스를 꽂고, 자기가 살아 있는 줄도 모르고 기계로 숨만 쉬고 있다면 본인은 물론 가족들 삶까지 산지옥이 될 수 있다. 어르신들이 입버릇처럼 이야기하는 것이 있다. "저녁 잘 먹고 잠자듯이 죽었으면 좋겠다"는 말씀이다. 그렇게 하고 싶지 않은 사람이 어디 있겠는가. 조사 어록에도 보면, 크게 깨달은 도인들이나 앉아서 죽고 서서 가기도 하지만 범부들에게는 늙음과 죽음이 두려움의 대상인 것만은 분명하다.

왜 두려운가? 삶에 집착하여 늙기를 싫어하고 병들어 죽는 것을 받아들이지 못하기 때문이다. 만약 사람이 늙고 죽지 않는다면 어떻게 되겠는가? 아마 세상은 대혼란에 빠질 것이다. 죽음을 '선물'로 생각하고 삶을 살아갈 때 비로소 늙어감도 아름답게 받아들일 수가 있다.

일전에 도자기를 구우며 사는 지인이 가까운 곳에 있어 찻잔도 살 겸해서 찾아갔다. 트럭에 살림살이를 싣고 유목민처럼 떠돌다가 아예 그곳에 정착하셨단다. 새댁 같은 부인은 얼굴이 창백하여 환자처럼 보였는데 그런 내 마음을 알아차렸는지 "스님, 제가 좀 아파 보이지요? 사실 전 언제 죽을지 몰라요. 그래서 제가 죽으면

화장해서 이 화단에 거름으로 뿌려달라고 했어요. 꽃밭이 참 예쁘지요?" 하며 아무렇지도 않게 말했다. 사람 하나 누울 정도의 작은 꽃밭에는 채송화며 봉숭아, 과꽃이 가득 피어 있었다. 꽃잎을 만지며 웃는 그 보살님의 얼굴에도 환하게 꽃이 피었다. 잠시 가슴이 먹먹했다. 이렇게 아름답게 죽음을 준비하고 있는 분도 있구나 싶었다.

고든 리빙스턴이 쓴 《너무 일찍 나이 들어버린, 너무 늦게 깨달아버린》이란 책에 '너무 늦기 전에 지금 알아야 할 인생의 진실 30가지'라는 글이 있다. 그 가운데 스물일곱 번째 진실에 이런 내용이 있다.

"인생의 마지막 의무는 아름다운 노년을 준비하는 것이다. 외로운 노년을 자식에게 기대려는 것은 더 이상 환영받지 못한다. 노년의 상실감을 품위와 의지로 견뎌내는 것이야말로 우리가 마지막으로 용감해질 수 있는 기회다."

그렇다. 늙음은 피할 수 없다. 주름살과 흰머리도 당연하게 받아들여야 한다. 늙어도 아름답게 잘 늙어가야 한다.

생사를 초월한 듯이 사는 스님들도 인간의 몸을 받은 이상 늙고 병들어 죽게 마련이다. 초학 시절, 노스님들이 병에 걸려 고생하시는 것을 본 적이 있다. 처음 그 모습을 봤을 때는 충격을 받았다. '아니, 스님들이 어떻게 저리 아플 수가 있지? 성불은 못하더라도 앉아서 열반에 들 정도는 되어야 하는 것 아닌가?' 하고 생각했다. 참으로 바보 같은 생각이었다.

스님들도 이슬이 아닌 밥을 먹어야 살 수 있다. 평소에도 시원찮은 몸으로 병치레가 잦은 나는, 나이가 들고 아픈 곳이 자꾸 늘면서 더욱더 육신의 한계를 절감하게 된다. '좌탈입망坐脫立亡'은 고사하고 잘 늙어가기도 힘겨운, 그냥 '사람'이었던 것이다.

우리 산하에는 아름답고 고결하게 늙어가는 수행자가 많이 있다. 내가 사는 천은사에 봄가을 두 번 만행 오는 팔순 노스님이 계신다. 정선 토굴에서 아직도 장작으로 군불 때며 걸망 메고 걸어다니시는데, 얼굴에 핀 주름꽃이 그리 고우실 수가 없다. 평생을 맑고 가난하게 살아가는 수행자야말로 산중에 핀 가장 아름다운 꽃이다.

꽃처럼 늙어가는 삶, 져야 할 때 미련 없이 떨구는 꽃잎 같은 삶, 그리하여 몸을 바꿀 때 이웃집 소풍 가듯이 갈 수 있다면, 우리네 삶은 한 송이 아름다운 꽃과 같을 것이다.

마치며

/

'인생 호흡'의 타이밍

삶이 끝난 듯했다. 더 이상 나아갈 길이 보이지 않았다. 막다른 길에
서 벽을 뒤에 두고 무섭게 쫓아오던 '운명'이란 놈에게 소리쳤다.

"야! 덤벼!"

멈추면 잡힐 것 같아서, 잡히면 죽을 것 같아서 앞만 보고 달렸는데,
문득 걸음을 멈추고 돌아서니 열심히 따라오던 운명이란 놈도 멈칫
놀라 섰다. 죽음이란 끝자락에서 삶에 대한 집착을 내려놓고 보니
'출가수행'이라는 또 다른 시작이 앞에 펼쳐졌다.

전생의 인연인가 했다. 낯선 절집 생활이 차츰 적응되어, 마치 오랫동
안 해온 일처럼 익숙해진 내 모습에 '이곳이 바로 내가 살 곳이구나'
하는 생각이 들었다. 인생이 곧 끝날 것 같았던 두려움의 실체는, 막

상 그 끝자리에서 넘어져 이마가 깨진 뒤에야 알게 되었다. 떨어지면 그것으로 끝나는 줄 알고 목숨처럼 밧줄을 붙들고 살았는데, '탁!' 놓고 나니 어머니 품 같은 대지가 나를 받쳐주고 있을 줄이야.

아픔은 견딜 만했다. 종기는 터져야 새 살이 돋아나는 법. 툭툭 털고 일어났다. 오대산 월정사 부처님에서는 마치 기다렸다는 듯이 '다시 시작'이란 선물을 주셨다.

시내 고등학교에서 국어를 가르치는 소설가 선생님이 퇴직을 앞두고 차 한잔하러 오셨다. 당신의 살아온 삶을 담담하게 이야기하시더니, 이제 다시 인생을 시작하는 마음으로 걸어서 전국 해안도로 일주를 하고 싶다고 하셨다. 나는 박수 치며 격려했다. "제가 도보로 전국 일주한다고 하니 모두 말렸는데 스님 한 분만 이렇게 지지를 해주시네요. 고맙습니다." 이분이야말로 인생 2막을 제대로 시작할 준비가 된 듯했다. 은퇴는 영어로 '리타이어Retire'다. 타이어를 새로 갈아 끼운다는 의미다. 고단한 인생길을 달려오면서 닳고 닳은 타이어를 다시 바꿔 끼우고 새롭게 출발하라는 것이다.

가끔 초등학교 때 부른 〈졸업식 노래〉를 들으면 옛 추억이 소환된다.

"빛나는 졸업장을 타신 언니께 꽃다발을 한 아름 선사합니다~"

"잘 있거라 아우들아 정든 교실아 선생님 저희들은 물러갑니다~"

까마득한 시간이 흘렀다. 다시는 못 볼 것 같은 이별의 슬픔에 〈졸업식 노래〉도 제대로 부르지 못하고 훌쩍였는데, 이젠 친구들 얼굴도 생각이 나질 않는다. 중학교에 가는 게 뭐라고. 졸업은 곧 입학으로 이어지고, 또다시 졸업과 입학이다. 졸업식을 보통 '그래쥬에이션 Graduation'이라고 하지만, '커먼스먼트Commencement'라고도 한다. '시작, 처음'이라는 뜻이다. 졸업이 끝이 아닌 새로운 시작이라는 것이다. 그렇게 끝과 시작을 반복하면서 아이는 어른이 되고, 또 그렇게 늙어간다.

젊은 날, 서울에서 《월간 해인》 편집장을 맡아 수도승首都僧 노릇을 한 적이 있다. 깜냥도 안 되었지만, 그달 치 원고 마감과 함께 무섭게 다음 달 주제 선정과 필자 섭외, 원고 청탁까지…… 도대체 쉴 시간이 없었다. 늘 긴장의 연속이었다. 월간지도 이 정도인데 매일 찍어내는 신문사는 도대체 어떨까 싶었다.

어느 날 문득, 이러다가는 내가 지쳐 더 이상 일을 못 할 것 같은 생각이 들었다. 아무리 시작도 끝도 없이 돌아가는 삶이지만 한 걸음, 한 호흡씩 쉬어가며 정리할 마디가 필요했다. 그래서 꾀를 냈다. '끝냄'과 '시작'을 구분 지어줄 나름의 방법을 찾았다.

매달 편집실에 마감 원고를 넘기고 나면 바로 서해로 바다를 보러 갔다. 일이 일찍 끝날 때는 강화 보문사까지 갔다. 그곳에서 노을을 보며 차 한잔을 해야 비로소 한 호흡이 끝이 났다. 들이쉰 숨을 내쉬지 못하면 죽는다. '인생 호흡'의 시작과 끝마디를 놓쳐선 안 된다. 대나무도 마디가 촘촘해야 튼튼하다. 살을 에는 찬바람과 영혼을 뒤

흔드는 상처들이 결국 내 인생을 넉넉하게 하는 마디가 된다.

불교의 여러 가르침 가운데 '윤회사상'이 있다. 살아가면서 지은 선악의 정도에 따라 다음 생에 영향을 미치는 것이다. 인因이 연緣이 되고, 연이 다시 인이 된다. 윤회라는 것이 별건가? 생사의 고통에서 벗어나지 못하고 고락苦樂을 반복하다가 여기서 인연이 다하면 다른 인연으로 시작하는 것이다. 어제의 인연으로 오늘을 살고, 오늘 지은 공덕이 내일로 연결된다. 인연과보因緣果報를 지금 받는 동시에 씨앗을 심고 있는 셈이다. 산다는 것은 매 순간 끝이면서 시작이니, 오직 이 순간만이 존재할 뿐이다.

그대, 지금 삶이 힘들고 고단한가? 끝이 보이지 않는 고통 속에서 절망하고 있는가? 절망의 끝에 너무 오래 머무르지 말라. 마주 오는 역풍도 돌아서면 순풍이다. 저녁노을이 가슴 시리도록 아름답지만 아침노을은 더욱 찬란하다. 눈서리를 견딘 매화 향기가 코를 찌르듯이, 삶에 간난艱難이란 마디가 하나씩 늘어날 때마다 '그대'라는 꽃은 더욱 향기롭게 피어날 것이다. 꽃이 진다고 서러워 마라. 꽃이 져야 열매를 맺고, 그 열매가 떨어져야 다시 새싹이 돋는다.

아픔의 끝에서 절망을 경험한 당신, 한참을 망설이다 내딛는 서투른 걸음의 당신에게 이 아침, 따뜻한 차 한잔을 건네고 싶다. 그렇게 다시 시작이다.

한국사 지은 대하여

본문 일러스트 허재경

서울대 서양화과를 졸업했다. 인연 따라 그림 수업, 벽화, 인쇄 디자인,
인테리어 디자인, 일러스트, 정원 조감도 등 다양한 그림 작업을 하고 있다.
2019년《법보신문》에 동은·진광 스님의 글로 첫 삽화 연재를 시작했다.

사
소
한
것
은
없
다

진
광

지
음

다시, 새롭게
보고 듣고 느끼다

모과
나무

시작하며

/

언제나 처음인 것처럼

기나긴 혹한의 추위를 이겨낸 매화가 꽃망울을 터트리더니 연이어 개나리와 진달래 그리고 목련까지 흐드러지게 피어나 온통 봄의 축제다. 대자연은 본래 주인이 없으니 보고 즐기는 자가 그 주인이다. 다시, 보고 듣고 깨달으면서 행복한 봄의 전령사가 된다.

이 책은 2019년 《법보신문》에 동은 스님과 함께 연재한 글을 모은 것이다. 연재 후 금방 출간될 줄 알았는데 3년이 지난 지금에야 비로소 빛을 보게 되었다. 오랜 숙성을 거쳤으니 좀 더 깊고 풍부한 맛과 향이 깃들었으리라.

선시에 이르길 "다함 없이 흐르는 산 아래 샘물이여, 세상 모든 이가

찾아와 길어 마시네. 각자 표주박 하나씩 들고 와 모두들 샘물 속 달덩이 하나씩 건져 가시게나!(무궁산하천無窮山下泉 보공산중려普供山中侶 각지일표래各持一瓢來 총득전월거總得全月去)"라고 읊었듯이, 모두가 그러했으면 하는 바람이다.

이 책을 입적하신 진성원담眞性圓潭 큰스님과 은사이신 인곡법장仁谷法長 스님, 그리고 타계하신 속가 부모님(장용전, 함옥연) 영전에 삼가 바친다. 또한 지난해 입적한, 언제나 내 글의 애독자이자 비평가였던 전 운문선원장 정견正見 스님께 바친다.

덕숭총림 전현직 방장이신 송원설정松原雪靖, 달하우송達河愚松 큰스님과 수덕사 전현직 주지이신 정묵正黙, 도신道信 스님, 그리고 법정法定, 법안法眼, 옹산翁山 사숙님과 도감 지운只耘 스님, 종회의장 주경宙耕 스님, 종회의원 정범丁梵 스님께 존경과 감사를 드린다.

이 책을 함께 쓴 동은 스님과 삽화를 그려준 허재경 작가님, 그리고 조계종출판사에도 감사드린다.《법보신문》독자 여러분과 이 책을 읽게 될 새로운 독자분들께도 감사드린다. 모두가 자신 안에 자비와 친절 그리고 행복의 사원 하나씩 지어나가길 바란다.

공주 유구에 내려와 은구재隱求齋에서 지낸 지도 3년이 다 되어간다. 은구재라는 지명은 주자朱子의 시에서 비롯된 것으로, "은거해

다시 무엇을 구하려는가, 말 없음에 도의 마음 절로 자라나네(은거부하구隱居復何求 무언도심장無言道心長)"라는 뜻이다. 이곳에서 지내며 많은 이웃들의 친절과 자비에 힘입은 바가 크다.

대원슈퍼, 완균편의점, 송백식당, 제주 유기농쌈밥, 가보자 해장국, 유구서점, 산책카페, 봄spring카페, 장금이네, 삼우정, 뽀글뽀글 칼국수집, 미라클, 촌집, 용짬뽕, 대성관, 세종분식, 이향, 공주옥선, 대수옥선 등 이웃들께 감사드린다. 특히 언제나 씩씩하고 자비로운 대원슈퍼 대원행 보살님과 구산초등학교에 물 길러 오시는 감로수 보살님, 그리고 백송식당 주인 부부와 어머님께도 존경과 감사를 드린다.

봄날, 새로운 시작이다. 새로운 길과 희망, 그리고 깨달음을 향한 나의 여정도 다시 시작이다. 천 리에 펼쳐진 광경을 보고자 할진댄 누각을 한 층 더 올라가야 하고, 백척간두에 서면 한 걸음 더 내딛어야만 한다. 그때 보이는 것과 느끼는 것은 전혀 다를 것이다. 마치 처음인 것처럼 다시 보고, 듣고, 느껴보자! 내 안에 자비와 친절의 사원을 짓고 모두가 행복하기를 바라 마지않는다.

2023년 봄날, 은구재에서

쾌활진광快活眞光 손모음

차례

/

그르쳐 가지 않는 마음

1993년 12월 말, 첫새벽을 뚫고 충남 예산에 위치한 수덕사 일주
문을 통해 출가하는 이가 있었다. 생애 가장 '위대한 포기'이자 '탁
월한 선택'이란 걸 그땐 알지 못했다. 그러나 무언가 새로운 길과
희망 그리고 깨달음의 섬광을 훔쳐본 듯했다. 말없이 서 있던 그때
그 일주문은 나를 기억이나 할까 모르겠다.

　일주문은 세상과 청산, 승과 속을 가르는 경계이자 상징과도 같
다. 세상과 청산, 어느 곳이 옳은가 묻지는 마라. 봄 광명 이르는 곳
마다 꽃 피지 않은 곳이 없는 것과 같은 이치다.

　출가 전 대학 시절, 영축산 통도사에 들렀다가 강원(승가대학)에
다니는 한 스님을 만났다. 처음 본 순간부터 그 스님에게 매료되어

자주 찾아가곤 했다. 어느 여름날인가 문득 그 스님이 보고 싶어 무작정 통도사로 향했다. 그런데 산문을 지나 솔숲 길을 따라 일주문에 도착하니 이미 밤 9시가 넘어버렸다. 어쩔 수 없이 입구 다리 밑에서 밤을 지새우고는 아침 도량석 소리에 깨어나니 마치 한 생을 다 살아버린 느낌이었다.

아침예불을 드린 후 스님 방으로 찾아가 별말 없이 차담을 나누었다. 사실은 힘들다고 하소연도 하고, 길을 가르쳐달라고 하고 싶었지만 침묵했다. 차담 후 스님과 솔밭을 따라 함께 산책하다가 산문 입구에서 아무 말 없이 헤어졌다. 모든 걸 다 안다는 듯한 스님의 미소 한 자락과 얼굴빛만으로도 충분했던, 잊지 못할 아름다운 추억이다.

출가 후 3년간 노스님을 시봉하다가 영천 은해사 기기암 선방으로 첫 철 동안거冬安居를 들어갔다. 은해사 일주문을 지나 한참을 걸어 올라야 비로소 기기암 선원이다. 첫 철이라 심란한데 설상가상으로 온몸은 마디마디 아파오고, 하루에도 열두 번씩 걸망을 메고 일주문을 나오는 꿈을 꾸었다. 그때 선배 스님이 전해준 어느 선승 이야기는 얼마나 매혹적이고 황홀했던가!

어느 정월 초하룻날, 이른 새벽에 눈을 떠 방문을 여니 밤새 내린 눈으로 온 세상이 설국이었단다. 그런데 산문을 향해 난 발자국이 눈 위에 선명하더란다. 누군가 눈 덮인 새벽을 가로질러 떠나

간 것이다. 후에 그 스님에게 들으니 "첫날에 눈 덮인 산하에 첫 발자국을 남기운 채 무작정 떠나가고 싶었다"라고 말했다고 한다. 참으로 수좌답기만 하다.

정말이지 그날처럼 눈이 왔다면 나도 그 스님처럼 걸망을 둘러메고 어디론가 떠났을지도 모를 일이다. 프랑스 시인 보들레르처럼 "어딘들 상관없어! 다만 그곳이 이 세상 밖이기만 하다면!" 하고 말이다. 그때 그 일주문은 내게 창살 없는 감옥이자, 지옥에서 보낸 한 철과도 같았다. 아니, '넘사벽'이자 철옹성이었다. 그리고 그 시간이 내게는 벽을 향해 소리 없이 타고 오르는 담쟁이와 같은 인고의 과정이었다.

덕숭산 3대 보물 중 하나로 불리는 보리菩提 스님은, 초등학교도 안 다니고 벽초 스님 밑에서 공부하며 30년 넘게 일주문을 나가지 않은 천진불天眞佛과 같은 분이다. 늘상 옷 한 벌에 한겨울에도 맨발로 다니며, 방부도 누가 대신 써준 것을 똑같이 그리고는 거기에 웃는 얼굴의 사인을 한다. 그래도 스님의 아침 도량석은 우렁차고 힘이 있으며 감동적이기까지 하다. 정진 시간 외에는 항상 텃밭에 가서 곡식을 가꾸곤 하시는데, 그야말로 선농일치의 벽초 스님 후신이 아닐 수 없다.

보리 스님의 언행과 수행을 보면 나는 한없이 작고 부끄러우며 욕되기만 하다. 스님과 함께한 안거 정진은 내 생애 가장 아름답고

행복한 순간이다. 그런 까닭에 한때 나도 스님처럼 산문 밖 출입을 하지 않으며 수행하다가 죽었으면 좋겠다고 바라기도 했다.

나에게는 선방을 다니며 시작한 해외 성지순례 겸 배낭여행이 더 넓고 크나큰 세상을 향한 도전이자 나만의 만행이며 수행이었다. 언젠가 중국 선종 사찰을 방문했을 때다. 산문 입구의 작은 시냇가 위에 일주문과 같은 것이 있었다. 그런데 특이하게도 들어가는 문과 나가는 문의 편액이 달랐다. 들어갈 때는 내려놓으라는 '방하착放下着'이 걸려 있고, 나갈 때는 그르쳐 가지 말라는 '막착거莫錯去'라는 현판이 걸려 있었다. 마땅히 그렇게 할 일이다.

문득 중국 선종 초기 두타행頭陀行을 실천한 수행자 가운데 어느 이름 없는 스님의 일화가 떠오른다. 하루는 스님이 밤늦은 시간에 어느 절 산문에 이르렀는데, 밤이 늦어 대중을 깨우지 못하고 일주문 아래서 노숙을 하였단다. 그러다가 새벽 북소리에 눈을 뜨니, 밤새 내린 눈으로 온몸이 눈으로 쌓였다는 이야기다. 눈물 나게 아름다운 이야기가 아닌가. 나는 언제쯤 그 스님처럼 될까?

어찌하다 보니 수도하는 수도승修道僧이 아니라 서울에 사는 수도승首都僧 신세가 되어 10여 년을 살아가고 있다. 마음은 늘 수덕사 일주문을 지나 정혜사 선원으로 향하건만, 현실은 한남대교를 지나 마치 집에 돌아가는 듯하니 영락없는 공밥 신세다. 옛말에 "진리(도道)는 사람을 떠나지 않건만 사람이 도를 멀리하고, 산은

속세를 떠나지 않건만 속세가 스스로 산을 떠나가네"라더니 내가 바로 그 꼴이 아닌가 싶다. 매양 떠나야지 하면서도 끝내 못 떠나는 것은 나의 허물이자 욕심이 아닐 수 없다.

오늘은 내가 덕숭산의 일주문이 되든지 호랑이가 되었으면 하는 바람이다. 몇 날 며칠, 혹은 한평생 말없이 그 자리에 선 일주문이 되어보리라. 그리하여 이 문을 오가는 수많은 이들을 바라보리라. 그러다가 어느 때에는 수행자를 경책하는 호랑이의 포효를 들려주리라. 내가 일주문이 되고 일주문이 내가 되어 그렇게 한평생 혹은 천고의 세월을 함께했으면 하는 바람이다.

흠 없는 영혼이 어디 있으랴

차는 그 마음이 연꽃과 같다. 연꽃 향기는 만 리를 퍼져가지만, 그 향기가 멀수록 더욱 맑고 아름답듯이 차향 또한 그러하다. 맑은 차향은 몸과 마음에 남아 오래도록 함께한다. 그리고 정신을 맑게 하여 깨달음에 이르게 하니, 그런 까닭에 차와 선이 둘이 아닌 '다선일미茶禪一味'라고 말하는 것이리라.

무릇 물건은 그 주인을 닮아가는 법이라 주인을 잘 만나야 한다. 그리고 하늘과 땅과 사람의 삼재三才를 고루 잘 갖추어야 비로소 명품이 된다. 미당 서정주의 '국화꽃'이나 나태주의 '대추 한 알' 그리고 김춘수의 '꽃'이 모두 그렇듯이 찻잔 또한 그러하다. 하나의 찻잔이 있기까지 무수히 많은 이의 공덕과 지수화풍과 자연

의 도움, 그리고 도공의 예술혼이 있었으리라. 오랜 기다림과 정성, 이름 없는 도공의 피땀 어린 노력과 예술혼이 있었기에 비로소 존재함이라. 어찌 가벼이 허투루 볼 수 있겠는가? 그러므로 하나의 찻잔은 곧 하나의 우주라 할 수 있다.

그런 까닭에 고은 시인은《순간의 꽃》이란 시집에서 "옷깃 여며라/ 광주 이천 불구덩이 가마 속/ 그릇 하나 익어간다"고 읊은 것이 아니겠는가. 이 얼마나 장엄하고 숭고한 순간의 꽃이 아니리오. 이 세상에 모든 것은 이렇게 단 하나뿐인 소중하고 아름다운 존재가 아닐 수 없다. 그러니 어찌 사랑하지 않을 수 있으리오.

이렇듯 소중한 찻잔 하나는 소장자의 손때와 사랑을 머금고 더욱 그 빛을 발한다. 매일 바라봐주고 쓰다듬어주며 정과 사랑을 다해야 하나의 의미가 된다. 생텍쥐페리의《어린왕자》에서처럼, 꽃에 쏟은 시간과 정성에 따라 그 의미와 가치가 다른 것이다. 찻잔은 도공이 처음 만든 순간과 주인이 사들인 순간, 그리고 오랜 세월의 정성과 마음으로 세 번 태어난다.

하루는 불현듯 찻잔의 탄생부터 오늘에 이르기까지 그 이야기가 궁금해졌다. 아마도 익숙한 차향이 코끝으로 스며들며 옛 기억의 자취를 상기시켜주었기 때문일 것이다. 그래서 나는 이참에 찻잔이 되어보기로 했다.

경기도 이천 혹은 여주 산골의 가마터였을 게다. 도공은 온 산천을 헤매다 마침내 최고의 흙을 찾아냈다. 몇 날 며칠을 목욕재계한 후 엄숙하게 가마에 불을 붙였다. 이번에는 꼭 필생의 도기를 구우리라는 다짐이 그의 눈에 섬광 같은 빛으로 나타났다. 그렇게 불가마 앞에 자리를 잡고 기도하는 마음으로 인고의 시간을 견뎌냈다.

마침내 가마를 걷어내니 태고의 신비인 듯한 처음 보는 새 생명이 아우성을 치며 첫울음을 토해냈다. 첫봄을 알리는 매화처럼, 봄을 다투는 온갖 꽃들의 향연처럼, 그야말로 백화쟁명百花爭鳴의 순간이었다.

하나하나 아이를 품에 안듯이 찻잔을 꺼내 들고 요리조리 살펴본 도공은 마음에 차지 않는 것들을 가차 없이 깨부쉈다. 그러다가 유난히 빛나고 아름다운 것들을 모아놓고는 그제야 깊은 탄식과 함께 희열을 토해냈다. '요, 이쁜 것들이 대체 어디서 왔을까?' 생각하니 웃음이 절로 났다. 그러다가 그간의 과정이 떠오르자 울컥하는 마음에 눈물이 두 뺨을 타고 소리 없이 흘러내렸다.

옛 선시에 이런 말이 있다.

산호 침상 위에 흐르는 두 줄기 눈물이여
(산호침상양행루珊瑚枕上兩行淚)

반은 님을 그리워함이요, 반은 님을 원망하는 것이네

(반시사군반한군 半是思君半恨君)

그렇다면 이 눈물의 의미는 무엇일까. 아마도 오랜 산고를 이겨
내고 새 생명을 낳은 산모가 아이를 처음 바라보는 마음이지 않을
까. 그중에서도 별반 특이하고 예쁠 것 없는 작은 찻잔에 유독 애
정이 가는 것은 못난 자식을 향한 아비의 마음 같은 것일 게다. 그
래서 도공은 그 찻잔을 애지중지하며 늘 곁에 두었다.

그러나 마지막까지 도공 옆을 지키던 찻잔도 이내 다른 이의 손
에 넘어갔다. 주인을 잘못 만난 탓일까. 찻잔은 툇마루 밑을 나뒹
굴다가 강아지 놀잇감이 되고 야바위꾼의 놀음 도구로 쓰였다. 그
과정에서 이가 빠지고 온갖 상처를 입은 채 누구의 손길도 받지
못한 찻잔은 또 그렇게 기나긴 세월을 하릴없이 보내야 했다.

그러다가 어느 때부턴가, 사람들이 찻잔을 아끼고 소중히 대하
더니 갑자기 골동품이라고 떠받드는 것이었다. 찻잔은 처음에 어
리둥절했지만 차츰 치켜세운 자존과 가치에 자기도 모르게 우쭐
해졌다. 그야말로 찻잔의 전성시대가 된 것이다. 집에 고이 모셔두
는가 하면, 경매에 부쳐서 고관대작들의 집을 전전하기도 했다. 그
러나 예전만큼 자유롭지도 행복하지도 않았다. 오히려 외롭고 절
망스러웠다.

그러던 어느 날, 누군가의 부주의로 바닥에 떨어져 몸에 금이 가고 다시금 땅에 버려졌다. 그렇게 한참을 나뒹굴다가 어느 스님의 손에 들어 대수술을 거친 후 비로소 산사 고즈넉한 곳에 마지막 거처를 얻었다. 지금은 '열반당'에 들어 홀로 아미타불을 염하며 내세를 기약하는 중이다. 처음이자 마지막으로 참된 주인을 만나 서로 지음知音이 된 것이다.

뒤돌아보니 우여곡절이 적지 않았지만 한편으론 이제라도 행복한 마음이 들어 다행이었다. 세상에 흠 없는 영혼이 어디 있으며, 바람 없이 피는 꽃이 어디 있으랴! 그 모든 과정이 삶이고 수행이며 깨달음이 아닐 수 없다.

새벽 쇠북소리에 눈을 떠보니 내 옆에 나를 닮은 찻잔이 허리를 구부린 채 정좌하고는 아미타불을 염송하고 있다. 향 하나 사르고 홀로 작설차를 다려 찻잔에 따라 마신다. 가만히 찻잔을 보듬고 쓰다듬으며 이심전심으로 빙그레 미소 짓는다. 찻잔 속의 나도, 내 눈동자에 가득한 찻잔도 모두 허허롭고 애틋하기만 하다.

정현종의 시 〈방문객〉 가운데 "사람이 온다는 건 실은 어마어마한 일이다. (…) 한 사람의 일생이 오기 때문이다"라는 구절처럼 그대와 난 지금 목하目下 열애 중이다. 하나의 찻잔과 한 사람의 일생이 모두 그 자체로 예술이고 작품이 아닌가 싶다.

우리는 모두 누군가의 영웅입니다

광고인 박웅현이 쓴 카피 중에 '우리는 모두 누군가의 영웅입니다' 라는 문구가 있다. 이 광고의 스토리는 대략 이렇다.

두 아이를 양어깨에 매단 채 포효하는 '슈퍼맨' 아버지, 아이를 낳고 감동의 눈물을 흘리는 '원더우먼' 어머니, 화재 현장에서 아이를 구조해 나오는 '배트맨' 소방관, 높은 전신주 위에서 전기 공사를 하는 '스파이더맨' 전신 기술자, 응급 환자를 위해 수술실로 뛰어가는 '마루치' 의사와 '아라치' 간호사, 여자친구 손을 꼭 잡은 채 손을 들고 횡단보도를 건너는 귀여운 '아톰' 어린이, 적지 않은 연세에도 할머니를 번쩍 업고 걷는 '육백만불의 사나이' 할아버지, 그리고 마지막으로 지하 철로로 떨어진 사람을 구하기 위해 힘을

모아 지하철을 밀고 있는 사람들. 그 장면 위로 '우리는 모두 누군가의 영웅입니다'라는 자막이 깔리며 광고는 마무리된다.

이 광고가 이야기하고자 하는 내용은 단순하다. 영웅은 바로 이런 보통 사람들이라는 것이다. 천재와 영웅은 특출난 사람이 아닌 보통 사람들 가운데 한 사람일 따름이다. 그리고 세상은 이러한 보통 사람들이 바꾸어나가는 것이라고 우리에게 나지막이 알려주고 있다.

문득 나도 내 인생의 보물과도 같은 도반과 스승에 대해 기록해보고 싶어졌다.

나의 아버님과 어머님은 나의 영원한 스승이자 선지식이며, 또한 나만의 부처다. 그 모진 세월을 오직 자식 잘되기를 바라며 온갖 고초를 겪으셨으니 응당 그러하다.

초등학교부터 중·고등학교에 이르기까지 수많은 선생님과 친구들 그리고 이웃들도 나의 오랜 도반이자 스승이다.

대학 시절 함께한 거봉, 영조, 동관은 나의 영원한 도반이자 스승이다. 존경해 마지않는 호진 스님과 지형 스님, 그리고 은사가 될 뻔한 진옥 스님은 나의 선지식이다.

충남 가야산과 덕숭산 그리고 서해와 평야지대는 나의 도반이다. 백제 무왕 2년(601년) 이곳에 수덕사를 처음 세우고

《법화경》을 설한 혜현惠現 법사는 나의 선지식이다. 이곳 관음바위에 얽힌 전설 속 정혜도령과 수덕각시는 나의 부처다. 이곳을 거쳐 간 모든 역대 고승들과 화주, 시주, 도감, 별좌 등의 스님네와 신도들은 나의 선지식이다.

구한말 홀연히 나타나 한국 선불교를 중흥시킨 경허성우 대선사와 그의 제자 수월, 혜월, 만공, 한암 등은 나의 선지식이다. 만공월면 대선사 회상의 모든 선지식과 수좌들이 바로 나의 스승이다. 혜암, 벽초, 원담, 설정, 법장 선사로 이어지는 덕숭 가풍의 문도들 역시 나의 스승이다.

처음 출가해 원담 방장 스님 시봉을 3년간 했다. 매일 밥하고 빨래하고 청소하며, 이따금 덕산온천에 목욕 갔다가 '뜨끈이집'에서 해장국을 먹고 토굴로 돌아와 죽도로 대련도 하였다. 어느 날에는 흥이 나는지라 염불당念佛堂에서 〈만고강산〉 같은 단가를 부르기도 했다. 그렇게 3년간 노스님을 시봉한 공덕으로 지금까지 중노릇을 하는가 보다. 원담 방장 스님은 나에게 할아버지이자 아버지이고, 때론 도반이자 선지식이며 부처이기도 하다.

은사이신 법장 스님은 손수 내 머리를 삭발해주시고 또 내가 오랫동안 시봉을 하였으니 그야말로 친부모와도 같다. 하루는 내가 선방에 가겠노라고 말씀드리니, 어느 자리에선가 "그 얘기를

듣는 순간 부처님을 다시 뵙는 듯 반가웠노라!" 하고 말씀하시기도 했다. 제31대 총무원장이 되셔서 2년 넘게 시봉할 적에는 그리 엄하고 매서우시더니만, 서울대 병원에서 심장 수술한 뒤에는 "심장 다 나으면 함께 히말라야 설산 구경 가자꾸나!" 하고 다정히 말씀하셨다. 하지만 그게 마지막 유언일 줄은.

그런 까닭에 법장 스님은 나의 영원한 은사이자 도반이며, 선지식이고 부처이시다. 하지만 나이가 들수록 당신을 닮아간다는 말을 여러 사람에게 듣는 것은 여간 곤혹스러운 일이 아니다. 그러나 어쩌겠는가? 누가 뭐래도 상좌는 은사를 자연히 닮아가는 것을. 내 모습 어딘가에 당신이 살아 계심을 믿는다.

산중의 어른이자 나이 여든이 넘어서도 홀로 빨래하시고, 매일 아침 《초발심자경문》을 설하신 응담 노스님은 나의 스승이다. 어느 날 '취선醉禪'이란 휘호를 남기운 채 전월사에서 정진하다가 소신공양하듯 입적하신 연산 노스님은 나의 선지식이다. 강보(포대기)에 싸여 나보다 먼저 수덕사에 들어온 수덕 김씨 시조인 재필이와 수덕사에서 자란 아이들은 모두 나의 부처.

초파일이면 나타나는 조금 특이한 여인도 있다. 어느 날엔가 저녁예불에 들어와서는 "당신이 내게 해준 게 뭐가 있어?"라며 벽돌을 집어 던져 부처님 얼굴에 생채기를 낸 그녀 또한 나의 선지식이자 관음의 화신이 아닐까 생각한다.

전국 선원에서 수선안거修禪安居할 때 만난 모든 선지식과 도반들, 그리고 공양을 해주신 신도님들은 언제나 나의 스승이다. 해제 때 만행을 하면서 찾은 전국 사찰과 거리에서 만난 사람들은 모두가 나의 스승이자 부처다. 해외 배낭여행에서 만난 유적과 자연 그리고 여행자와 현지인들은 모두 나의 도반이자 선지식이고 또한 부처와 같다.

떠돌이별과 같았던 나를 교육원에 소임을 살게 한 교육원장 현응 스님을 비롯해 그동안 총무원과 교육원에서 함께 일한 스님네와 직원분들은 나의 스승이자 선지식이다. 또한 함께한 행자들이며 기본교육기관의 교수사와 학인들, 연수교육과 국내외 순례에서 만난 모든 인연은 나의 도반이자 스승과 같다.

그동안 몸으로 익힌 독서와 시봉, 참선 그리고 여행과 행정 모두가 나의 스승이고 도반이자 부처였다. 그 모든 인연과 자비덕화에 감사하지 않을 수 없다. 이렇듯이 세상 모든 만물과 사람과 자연은 우리 모두의 소중하고 아름다운 의미의 도반이고 선지식이며, 부처 아닌 것이 없다. 그런 관계와 정성과 시간 속에서 나 또한 누군가의 영웅이고 도반이며, 선지식이고 부처로 거듭나는 것이다.

그러니 우리는 모두 누군가의 영웅이고 도반이며, 선지식이자 부처가 되는 것이다. 그렇게 나와 너, 우리는 모두 누군가의 도반이고 스승이며 부처다!

큰 이름은 애써 새길 필요가 없나니

덕숭산 자락에는 만공탑滿空塔이 자리한다. 만공 스님의 제자인 중은 스님이 제작했다고 알려진 이 탑은 당시에도 지금에도 대단히 독창적이고 혁신적인 작품이 아닐 수 없다. 마치 수좌가 좌선하는 듯한 모습인데, 상륜부의 둥그런 구球 모양은 지구본 같기도 하고 때론 월면月面 달을 형상화한 듯하다. 이 앞에 서면 만공 스님의 "허공이 가장 무서운 줄 알아야 하느니라"는 말씀이 가슴에 사무쳐오는 느낌이다.

《벽암록》18칙에는 남양혜충南陽慧忠 국사가 입적할 때 당나라 숙종 황제에게 이음새가 없는 무봉탑을 만들어줄 것을 간청하는 내용의 선문답이 전한다.

숙종 황제가 혜충 국사에게 "국사께서 입적한 뒤에 필요한 물건이 무엇입니까?" 하고 물으니, "노승을 위해서 이음새가 없는 무봉탑을 만들어주십시오"라고 혜충 국사가 말했다. 다시 황제가 "국사께서 탑의 모양을 말씀해주시지요"라고 하니, 혜충 국사가 한동안 말이 없다가 "……알겠습니까?"라고 묻자, 황제는 "모르겠습니다"라고 답했다. 이에 국사가 "나의 법을 부촉한 제자 탐원耽源 스님이 있는데, 이 일을 잘 알고 있습니다. 조서를 내려 그에게 묻도록 하십시오"라고 말했다.

국사가 입적한 뒤에 황제는 조서를 내려 탐원 선사에게 "국사가 말씀한 이 일의 의미는 무엇입니까?" 하니, 탐원은 "상주의 남쪽, 담주의 북쪽, 거기에는 황금이 있어 온 나라에 가득하다. 그림자 없는 나무 아래 함께 타는 배가 있다. 유리로 만든 궁전 위에 아는 사람이 하나도 없도다"라고 게송으로 답했다.

이음새가 없는 무봉탑이란 형체도 없고 모양도 없는 탑을 말한다. 형체가 없는 탑은 볼 수도 만질 수도 없는, 이른바 온 우주의 법계를 말한다. 혜충 국사께서 이미 침묵으로 대답했으나 황제가 이를 알아차리지 못하자 부득이 제자 탐원에게 물으라 한 것이다. 이에 탐원이 게송으로 온 우주가 모두 무봉탑 아님이 없음을 읊은 것이다.

무봉탑은 어떤 고정된 모양이 없고, 어떤 고정된 장소에 한정되

어 있는 것이 아니기 때문에 시방세계가 모두 무봉탑인 것이다. 무봉탑의 세계에 있으면서도 무봉탑을 찾고 있는 것처럼, 무봉탑의 경지를 아는 사람이 없음을 게송으로 읊은 것이라 할 것이다.

법정 스님의 마지막 말씀이 가슴을 울린다. "장례식은 하지 마라. 관도 짜지 마라. 평소 입던 무명옷을 입혀라. 대나무 평상에 내 몸을 올리고 다비해라. 사리는 찾지 말고, 탑도 비도 세우지 마라. 재는 오두막 뜰의 꽃밭에 뿌려라!" 그러고는 "그동안 풀어놓은 말 빚은 다음 생으로 가져가지 않겠다. 내 이름으로 된 모든 출판물을 더 이상 출간하지 마라"고 말씀하셨다.

마지막 다비장 가는 길, 관 위에 다만 '비구比丘 법정法頂'이라 쓰고, 평소 수하던 가사를 덮어 다비하던 무소유와 맑은 가난의 맑고 향기로운 마무리는 많은 이들에게 감동과 환희로 남아 있다. 이것이 바로 혜충 국사의 무봉탑의 현현顯現이 아닐까.

반면 중국 최초의 여황제였던 측천무후는 세상을 떠날 무렵, 자신이 이룩한 업적이 너무나 많으므로 비석 하나에는 다 기록할 수 없으니 그저 아무것도 새기지 말고 비워두라는 유언을 남겼다.

중국 시안西安 인근의 건릉乾陵에는 당나라 고종과 그의 황후인 측천무후가 묻혀 있다. 그곳에는 아무런 글자가 새겨져 있지 않은 '무자비無字碑'가 있는데, 이것이 바로 측천무후의 공덕비다. 그러나 유한한 인간의 오만방자한 욕망과 명예욕은 준엄한 역사의 심

판을 피할 수 없는 법이다.

전남 장성군에 가면 비석에 아무런 글이 쓰여 있지 않은 '백비白碑'가 있다. 이는 조선조 3대 청백리로 명성이 높았던 박수량朴守良 선생의 묘비로, 지금까지도 그의 청빈한 삶과 정신에 감복한 이들의 발길이 끊이지 않고 있다.

아무런 글도, 공적도 기록하지 않은 비석이지만, 누구는 칭송되고 누구는 손가락질을 받는 것이다. 온갖 미사여구로 기록된 비라할지라도 삶과 수행이 따라주지 않으면 아무런 의미가 없는 것이다. 어떻게 살아야 할지 무언의 가르침을 이야기하고 있는 듯하다.

그런 까닭에 옛말에 "대명기유전완석大名豈有鐫頑石, 노상행인구승비路上行人口勝碑"라 했다. "큰 이름은 애써 돌을 쪼아 무언가를 새길 필요가 없나니, 지나가는 나그네의 입이 비석보다 낫다"는 뜻이다. 이런 것이야말로 진정한 '무봉탑'이자 '무자비'이며 '백비'가 아닐는지.

달라이라마는 "자기 안에 자비와 친절의 사원을 지읍시다"라고 말씀하셨다. 그렇다. 온갖 보배로 팔만 보탑이나 사리탑을 짓는 일보다, 한 생각을 돌이켜 자기 안에 자비와 친절의 사원을 짓는 것이 낫다. 그리하여 각자의 삶과 수행에서 다른 모든 이에게 자비와친절을 베푼다면, 온 세상의 자연과 사람들이 모두 탑과 부도 아님이 없을 것이다. 그런 세상이 바로 우리가 꿈꾸는 정토이고 불국이

며 화엄 세상이 아니겠는가.

《유마경》에 이르기를 "한마음이 청정하면 온 세계가 청정하다"
고 하였으며, "중생이 병들어 아픈 까닭에 보살도 병들어 아픈 것
이다"라고 하였다. 그런 까닭에 나는 세계와 중생이 모두 탑이자
부도라 생각한다.

이제, 살아 숨 쉬는 자연과 사람들이 스스로 탑과 부도가 되도
록 노력해야 하지 않을까 하는 간절한 마음이다. 그것이 바로 무
봉탑이자 무자비이며, 백비이자 부도탑이라고 믿는다. 우리의 삶과
수행이 곧 기적奇蹟이고 사리舍利이며, 탑과 부도다.

다시 무엇을 더 만들고 짓겠다는 말인가. 허공과 해와 달 그리
고 바람과 구름이 모두 탑이고 부도인 것을!

좌복에서 보낸 한 철

가야산 해인사 원당암의 혜암 큰스님께서는 평소 "수좌는 좌복 위에서 공부하다가 그 위에서 죽는 것이 가장 큰 행복이다"라고 말씀하셨다. 그러니 이번 생은 없다 치고 원 없이 공부하다가 좌복에서 죽을 생각으로 정진할 일이다.

홍성 연암산 천장암은 한국 선불교의 중흥조이신 경허성우 대선사와 그의 달인達人 수월, 혜월, 만공 선사께서 머무신 유서 깊은 곳이다. 그곳 대웅전을 우측으로 돌아가면 끄트머리 작은 방이 바로 경허 선사께서 정진하신 곳이다. 사람 하나 겨우 누울 정도의 작은 방에 좌복 하나가 놓여 있다. 마치 허공이 경허마냥 그 좌복 위에 정좌한 채 참선 삼매에 든 느낌이다. 아니, 그 좌복 하나가

온 우주를 머금은 것만 같다. 바로 왼쪽 방은 시봉인 만공 스님의 시자실이었다고 한다. 그곳에서 큰스님의 숨소리 하나하나를 살피며 정진했을 만공 스님의 모습이 눈에 선하다.

부처님께서도 6년간의 오랜 고행을 마치시고는 부다가야의 보리수 아래 금강보좌에 정좌하신 채 용맹정진 끝에 마침내 무상정각無上正覺의 깨달음을 성취하셨다. 또한 '염화미소拈華微笑'와 '곽시쌍부槨示雙趺' 그리고 다자탑 아래서 가섭에게 당신 자리의 반을 내어주심으로써(다자탑전반분좌多子塔前半分座) '삼처전심三處傳心'의 선법이 비롯되었다.

선방에 다니던 시절, 방부를 들이고 참선하는 큰방에 들어가면 빳빳하게 풀을 먹인 좌복이 서로 자기를 봐달라며 "저요, 저요!" 하고 아우성을 치는 듯했다. 그중에 좌복 하나를 자리에 깔고 하나는 뒷좌복으로 놓은 채 좌정하고 있으면, 금방이라도 도를 이룰 것 같은 기분이 들었다. 아무것도 아닌 좌복이지만 은근히 자기와 궁합이 맞는 게 있음이라.

결제結制 하루 전날에는 보통 큰방에서 용상방龍象榜(절에서 큰일을 치를 때 맡을 일을 정하여 붙이는 방)을 짜는데, 좌복 위에 의연히 앉은 스님들 한 분 한 분이 모두 부처님과 역대 조사처럼 성스럽고 당당하기만 하다. 이 사바세계에서 오직 대도를 이루기 위해 목숨 걸고 정진하는 서원을 세웠으니 어찌 함께 기뻐하지 않을 수 있겠

는가. 하나의 좌복마다 하나의 연꽃이 피어나고, 하나의 연꽃마다 한 분의 부처님께서 시현하신 듯하다.

산중의 방장 스님께서 결제 법어를 하시는데, 이때 무언가 깨달은 바가 있으면 옛 스님처럼 달려가 방장 스님 방석을 걷어차든지 좌복으로 한 방 날리련만, 이 몸은 그저 침묵할 뿐이다. 이번 철에는 밥값이든 좌복 값이든 하기를 간절히 서원할 따름이다.

드디어 안거 첫 정진을 알리는 죽비 소리에 나도 좌복도 그리고 허공까지도 모두 숨죽인 채 삼매에 들어간다. 구순(90일) 안거가 시작되어 바람처럼 떠돌던 백운白雲이 좌복 위에서 마침내 부동不動의 청산靑山이 되어가는 것이다. 이 순간부터 좌복은 수좌의 공부를 점검하고 기록하는 염라대왕이자 사관史官이 된다.

오후 정진이 끝나고 울력 시간이 되면 각자 하루 종일 앉았던 좌복을 들고나와 먼지를 탁탁 털어내는데, 그때 그 상쾌한 기분이란……. 먼지만이 아니라 마음속 번뇌 망상의 찌꺼기까지 탈탈 씻겨 내려가는 것 같다. 저녁 정진을 마치면 다리 뻗고 속절없이 울었다는 옛 선지식처럼, 도를 이루지 못함을 안타까워한다. 곧바로 그 자리에 좌복을 베개나 배 위에 올린 채 잠을 청한다.

이렇듯 좌복은 단순히 좌복만이 아닌 것이다. 하나의 좌복은 수좌의 의자이자 침구이며 또한 진리를 드러내는 법구이자 수좌의 정진을 상징하는 표상과도 같다. 즉 좌복은 진리(법法)의 자리

인 연화대이자, '선의 황금시대'를 향한 꿈과 희망 그리고 깨달음의 증거인 것이다.

내 작은 좌복에는 나의 피땀과 구도열이 함께한다. 덕숭산 딱따구리의 절차탁마의 공력과 '홀딱새'의 염불 소리가 함께한다. 덕숭산의 허공과 달과 바람과 구름이 좌복마다 심인心印인 양 서려 있다. 그리고 역대 선지식과 많은 중생의 염원과 시은施恩이 깃들어 있다.

한 철 정진을 마치고 죽비를 놓으면 침구며 좌복이며 의복을 죄다 꺼내다가 온 대중이 세탁 울력을 한다. 정진으로 성만成滿해진 스님네는 모두가 형형한 눈빛에 부처님 상호와 마음을 닮아 있다. 정진을 함께한 좌복도 때 빼고 광내며 햇살 아래 지난날을 복기하며 오도송이라도 읊을 기세다. 그런 좌복을 바라보는 내 마음이 시원섭섭하기도 하고, 한편으론 부끄럽고 욕되기도 하다.

좌복을 세탁하고 햇볕에 말린 후 새로이 풀을 먹여 다시 내 자리에 가져다놓는다. 좌복 위 어딘가에 내 수행의 흔적과 작은 깨달음의 자취가 있지 않을까 확인해보지만 그저 내 부끄러움과 욕됨이 점철된, '바보'와 '천치' 같은 것을 볼 뿐이다. 그래도 이 한 철 청복淸福과 좌복과의 지중한 인연을 무엇과도 바꾸지 않으련다. 주인 잘못 만나 고생한 이 좌복도 다음에는 올곧은 수좌를 만나 깨달음의 순간을 함께할 수 있기를 바라 마지않는다.

해제 후 수좌는 걸망 하나 둘러메고 운수행각雲水行脚을 떠나고, 빈 좌복만이 청산마냥 홀로 덩그러니 남아 무정설법無情說法을 하는 중이다. 나중에 다시 만날 나와 너를, 그리고 깨달음과 부처를 기다리면서 말이다.

여기든 거기든 모두가 이 한마음 속에

어머님께서 하늘로 돌아가신 지도 벌써 반년이 다 되어간다. 어느 날 맑은 봄날에 문득 어머님 생각이 나서 고향 집 뒤란에 아버님과 합장한 묘지를 찾으니, 묘지 뒤편에 못 보던 산목련이 흐드러지게 피어 만발한 것이 아닌가. 마치 어머님께서 환한 미소를 지으시는 듯했다. 봄에 내리는 흰 눈처럼 꽃잎이 바람에 흩날려 묘지 위와 내 가슴속에 소복하게 내려앉는다.

당나라 시인 이태백의 시 가운데 "달빛은 희고 눈빛 또한 희어 온 천지가 하얗게 덮였는데, 산 깊고 밤 깊은 날에 나그네의 수심도 깊어라(월백설백천지백月白雪白天地白, 산심야심객수심山深夜深客愁深)"라고 노래하는 대목이 있다. 그것이 지금, 바로 여기의 내 마음

과 같음이라. 묘지 앞에 무릎 꿇고 부모님 생각에 하염없이 눈물 흘리다 돌아왔다.

그리고 그날 밤 잠자리에 들었는데, 꿈속에서 내가 한 마리 나비가 되어 저세상 구경을 하게 되었다. 왜 그랬는지 나도 알 수 없는 일이었다. 부모님을 그리워하는 내 마음이 하늘을 감동시켰는지, 아니면 무언가 나를 일깨우려는 의도가 있었는지 짐작만 할 따름이다.

단테의《신곡》처럼 누구의 안내도 없이, 내 모습 그대로가 아닌 나비의 몸으로 저승 구경이라니, 꿈속이 아니라면 어찌 가능하겠는가? 어쨌든 "꿈속에서 나비가 된 장자처럼"(호접지몽胡蝶之夢) 한 마리 나비가 되어 그리운 님들을 만나러 가는 길은 즐겁고 행복했다.

한참을 산 넘고 물 건너 날아가다 보니 복숭아꽃과 살구꽃, 산목련과 연꽃이 아름답게 어우러진 마을이 나왔다. 정토나 극락 같기도 하고, 천상 세계나 혹은 무릉도원 같기도 하였는데, 그냥 어떤 신비한 곳이라고 해두자. 오랜 비행에 지쳐 꽃술에 내려앉아 잠시 휴식을 취하고 꽃술도 맛보며 마을을 둘러보았다.

갖가지 꽃들에 파묻혀 있는 그림 같은 풍경의 이 마을은 많은 사람이 저마다 자기 일을 하며 평화롭게 살아가는 그런 곳이었다. 그런데 놀랍게도 책이나 사진으로만 보던 유명한 이들도 있고, 실

제로 내가 알고 있던 이들도 여럿 보이는 게 아닌가.

가만히 살펴보니 이 마을의 전체 모양새가 수미산과 닮아 있었다. 마치 머털도사가 살던 동네와 비슷했다. 이 모든 곳을 다 둘러볼 수는 없을 터, 그중에 내가 꼭 만나고 싶은 사람들부터 찾아보기로 했다. '업경대業鏡臺' 옆에 '보경대報鏡臺'를 통하니 그들이 지금 무슨 과보를 받아 어찌 살고 있는지를 훤히 알 수가 있었다.

먼저 내가 가장 사랑해 마지않는 덕숭총림 방장이셨던 원담 노스님을 뵈러 갔다. 노스님께서는 어린아이와 같은 천진한 모습으로 만공 노스님을 다시 만나 시봉하고 계셨다. 이따금 천상에 누각이 새로 세워지면 현판이나 주련 등을 휘호하는 일을 도맡아 하시면서 말이다. 벽초 노스님은 지금도 직접 누대를 세우는 일의 도감을 맡거나, 소를 키우고 농사일을 하면서 지내고 계셨다.

은사이신 법장 스님은 그곳의 모든 행정을 총괄하시며 불사를 진두지휘하고 계셨다. 그러다가 가끔씩 티베트 수미산이나 히말라야 설산으로 순례 여행을 다니셨다. 무엇보다 당신이 좋아하고 잘하는 일을 하고 계시고 건강과 활력이 넘쳐 보여 나 또한 행복한 마음이 들었다.

무위당 진관 노스님도 어찌 지내시나 궁금해 찾아보니, 구품 연화대에 올라 연꽃 속에 맑고 향기로운 모습으로 자리하고 계셨다. 내가 "노스님!" 하고 나비 몸으로 날아드니, 손주인 줄 아시는 듯

환한 미소로 손등 위에 올려놓고는 그윽하고 아름다운 미소로 함께해주셨다. 그 옆에 홍륜 노스님께서도 "우리 스님, 이제 천애 고아 돼서 우짜노?" 하는 측은한 눈빛과 고운 미소로 내게 말씀하시는 듯하였다. 그 곁에 가사원 사무국장을 지낸 태연 스님과 직할 사무국장을 지낸 명선 스님도 옛 모습 그대로 자리하고 있었다.

이제 부모님을 뵐 차례다. 심호흡 한 번 하고는 두 분을 찾아 나섰다. 다행히 건강하고 행복하게 함께하시는 모습이 참 보기 좋았다. 아버님과 어머님은 이승에서보다 더 다정하고 금실 좋게 살아가시는 듯했다. 무엇보다 가슴에 묻었던 두 누이를 만나 오순도순 살아가는 모습이 자식 된 나로서도 너무나 행복한 순간이 아닐 수 없었다.

두 분 부모님을 떠나오며 차마 떨어지지 않는 날갯짓을 하면서, 나 또한 먼 훗날 이곳으로 와서 함께하기를 빌고 또 빌었다. "무엇이든 간절히 마음으로 염원하면 모든 일이 이루어진다(심상사성心想事成)"고 했듯이 꼭 그리될 거라고, 그런 날이 반드시 올 거라고 믿어 의심치 않는다. 그렇게 두 분 곁을 떨치고 다시 세상으로 돌아왔다.

잠에서 깨어나니 마음이 허허롭고 아쉬움과 그리움이 다시금 몰려들었다. 꿈에서 내가 나비가 되었는지, 아니면 나비가 내가 되었는지는 알 수 없다. 어느 곳이 이승이고, 또 어느 곳이 저승이었

는지 그조차 모르겠다. 어쩌면 여기가 거기고, 거기가 여기였을지도 모를 일이다. 아니, 여기와 거기 사이일 수 없는 어느 곳을 다녀온 것인지도 모른다.

여기든 거기든 그게 뭐 중요하겠는가? 어느 곳에서나 나름대로 각자 수행하듯이 행복한 삶을 살아가면 될 것을. 여기든 거기든, 차안이든 피안이든 모두 이 한마음 속에(일체유심조一切唯心造) 있는 것이 아닐까 생각한다.

그곳에서 만난 분들 모두가 어디서든 평안하시기를. 다시 그 어느 곳에서 우린 또 만날 수 있으리라. 뜰 앞에 개나리는 노랗고, 진달래는 붉고, 산목련은 희고, 소나무는 푸른빛으로 각자 아름답기만 하다. 그 모든 것을 가슴에 품은 채 지금 여기에서 당신들을 그리워한다. 그리고 당신들의 삶과 수행에 부끄럽고 욕되지 않게 그렇게 살아가리라 다짐해본다.

맨발의 정신

《금강경》의 첫머리는 이렇게 시작한다.

나는 이와 같이 들었노라. 어느 때 부처님께서 사위국舍衛
國에 있는 기수급고독원祇樹給孤獨園에서 큰 비구들 천이백
오십 명과 함께 계셨다. 그때 세존께서 식사 때가 되자 가사
를 수하시고(입으시고) 바리때(발우)를 들고 사위성舍衛城으
로 들어가시어 그 성안에서 밥을 탁발하실 적에 차례로 빌
어, 빌기를 마치시고는 본래 계시던 곳으로 돌아오셔서 진
지를 잡수시고 나서 가사와 바리때를 거두신 뒤 발을 씻으
시고는 자리를 펴고 앉으셨다.

이 첫 문장만으로도 이미《금강경》을 설해 마쳤다고 할 수 있으리라. 부처님께서 맨발로 탁발하고 돌아와 공양을 하신 후 자리에 앉는 그 과정과 마음이 곧《금강반야바라밀경》의 대의大義를 설해 마치신 것이다. 달리 무엇을 더 말한단 말인가. 이 자체로 '금강'이고 '반야'이며 '바라밀'이자 '경'인 것을.

예전에 한승원의 소설《부처님의 맨발》을 감명 깊게 읽었다. 돌아보니 부처님의 일생은 이 '맨발' 하나로 집약된다고 할 수 있으리라. 알다시피 부처님께서는 길 위에서 태어나 길 위에서 대도大道를 성취하시고는 45년간 맨발로 길과 사람을 벗하여 전법 교화하시다가 마침내 길 위에서 열반에 드시었다.

프랑스 소르본대학에서《무아 윤회 문제의 연구》로 박사학위를 받은 호진 스님이 계시다. 대학 시절 은사이자 나의 출가에도 큰 도움을 주신, 그야말로 존경받는 불교학자이자 천생 스님이시다. 스님은 프랑스 파리에 있는 가톨릭 수도원에 묵으면서 10년 동안 공부하셨는데, 당시 아르바이트로 승복을 입은 채 자전거를 타고 일간지《르몽드》와 우유를 배달한 것은 인구에 회자될 정도로 유명한 일화다.

그분은 후학을 위해 정년이 한참 남았음에도 불구하고 자진 퇴직을 하시어 교수 자리를 물려주는 흔치 않은 이력(?)을 남기셨다. 그러고는 유서 한 통 남긴 채 홀연히 인도로 떠나서서 1년여를 두

발로 부처님의 자취를 좇으셨다. 부처님께서 평생을 걷던 그 길을 그대로 따라 걸으며 순례하고 연구하기 위해서다.

환갑이 넘은 노구를 이끌고 유서까지 써놓은 채 어찌 그리 무모하고 지난한 길을 나설 결심을 하셨을까. 그런 위법망구爲法忘軀의 마음은 그 옛날 인도로 구법 여행을 떠난 천축 구법승의 마음과 같았으리라. 그야말로 오직 맨발로 부처님의 발자취를 좇아 부다가야에서 사르나트(녹야원)로, 라즈기르(영축산)에서 바이샬리와 쿠시나가르(열반당)로 뚜벅뚜벅 걸어가면서 스님은 무슨 생각을 하셨을까? 궁금하기만 하다. 그 길 위에서 어떤 희망과 깨달음을 찾으셨는지 알 길은 없으나 그 걸음걸음마다 연꽃이 피어나고 부처님께서 시현해 빙그레 미소 짓지 않았을까 생각한다.

중국 혹은 신라에서부터 천축을 순례한 법현, 현장, 의정, 혜초 스님 같은 구법승들과 이름 없는 순례승들, 그리고 천축에서 중국과 신라에 법을 전한 수많은 역경승과 역대 조사들도 실크로드라는 그 길을 통해 목숨을 건 구법과 전법의 순례를 했을 것이다. 그런 까닭에 실크로드는 수많은 이의 피땀이 서린 불법佛法의 현장이자 진리의 고향이 아닐 수 없다.

중국에 전해진 불법은 당나라와 송나라의 황금시대를 꽃피운다. 그중에서도 초기 능가종 계열의 두타행과 보살의 삶은 부처님 당시를 구현하려는 의지와 자비의 표상이라 할 만하다. 서양의 성

베네딕토나 성 프란치스코를 넘어서는 그들 두타행자의 금욕과 무소유의 청빈, 그리고 자비의 실천에 경외와 찬탄을 금할 길이 없다. 실로 그들은 '맨발의 성자'라 불릴 만하다.

또한 신행 스님의 삼계교三階敎와 무진장보無盡藏寶의 실천은 불교사적으로 매우 이례적인 일이 아닐 수 없다. 이웃을 돕기 위해 눈물 흘리며 온갖 장신구와 쌀을 보시하던 이름 없는 민중들, 그들은 신행 스님이 입적하자 장안에서 종남산 다비장까지 통곡을 하며 구름같이 운구를 뒤따랐다고 전해진다.

여기 재미있는 이야기가 하나 있다. 남전 스님이 입적하려는데 수좌가 물었다.

"화상께서 별세하신 뒤에 어디로 가시렵니까?" 하고 물으니, 스님은 "산 밑에 가서 한 마리 검은 암소(수고우水牯牛)가 되리라"고 답했다. 이에 수좌가 "저도 따라갈 수 있겠습니까?" 하니, "그대가 나를 따라오려거든 한 줄기 풀(경초勁草)을 물고 오라"고 했단다. 이들의 동료인 서당지장西堂地藏과 스승인 마조도일馬祖導一 또한 수행자의 무한봉사 정신을 도처에서 드러내고 있다.

이런 두타행과 경초선勁草禪(소나 말의 꼴이 되는, 이른바 가장 낮은 곳에서 민생과 더불어 살아가는 보살행의 실천)의 전통은 고려시대 일연 스님이 지은 《중편조동오위重編曹洞五位》의 경초선 전통과 조선조 김시습의 《조동오위요해曹洞五位要解》로 면면히 이어진다. 그러다

가 마침내 구한말 경허 스님의 '입전수수入廛垂手'의 실천으로 그 절정을 맞이하게 된다. 그 대의는 '피모대각 이류중행被毛戴角 異類中行'이다. 즉 "털 나고 뿔 달린 말이나 소처럼 다른 동물류가 되어 그 가운데 행한다"는 말이다. 이 모두가 그야말로 부처님의 '맨발의 정신'을 이어받은 수행자들의 자비와 보살행이라고 할 만하다.

무릇 수행자는 우마牛馬가 되어 '다른 종류(이류異類)' 가운데 행하든지, 아니면 그 우마의 먹이인 꼴이라도 되겠다는 마음이어야 한다. 수행자는 섬김을 받으러 온 것이 아니라 중생을 섬기러 왔기 때문이다. 맨발로 살가죽에 털이 나고 머리에 뿔이 난 채로, 이 길 위에서 혹은 이류 가운데서라도 중생의 안락과 이익을 위해 힘써 수행과 보살행을 다하여야 할 것이다.

박노해 시인의 〈구도자의 밥〉《그러니 그대 사라지지 말아라》, 느린걸음, 2010)이란 시를 꼭꼭 씹어본다.

그가 밥을 구하러 가네
빈 그릇 하나 들고
한 집
두 집
세 집
밥을 얻으러 가네

일곱 집을 돌아도

밥 그릇이 절반도 차지 않을 때

그 사람

여덟 번째 집에 가지 않고

발걸음을 돌리네

일곱 집이나 돌았어도

음식이 부족하다면

그만큼 인민들이 먹고살기 어렵기에

그 사람

더이상 밥을 비는 일을 멈추고

나무 아래 홀로 앉아 반 그릇 밥을 꼭꼭

눈물로 씹으며 인민의 배고픔을 느끼네

부디 수행자들과 불자님들은 불보살님과 역대 선지식들과 같은
마음으로 그렇게 살아갔으면 하는 바람이다.

자작나무 숲에서

시베리아 횡단열차를 타고 블라디보스토크에서 모스크바까지 여행을 한 적이 있다. 그 여정에서 시야에 가장 많이 들어온 것은 자작나무다. 가도 가도 끝이 보이지 않는 철로 변에 무수히 펼쳐진 자작나무 숲의 행렬은 처음에는 경탄하다가 이내 심드렁해지기 일쑤였다. 또 어느 때는 마치 죽음의 푸가를 연주하는 듯하고, 어느 때는 차라리 몽환적인 느낌마저 들었다.

'동양의 파리'라 불리는 이르쿠츠크에 내려 한국인이 운영하는 게스트하우스 '예지네 집'에 여장을 풀었다. 다음 날 전설의 바이칼 호수를 구경하기 위해서다. 하룻밤 자고 일어나 집 앞 자작나무 숲으로 산책에 나섰다. 숲에 들어서서 자작나무를 보니 멀리서 숲

전체를 볼 때와는 또 다른 감동과 환희가 밀려왔다.

눈이라도 내린 듯 하얀 나목裸木에 점점이 박힌 검은 눈동자의 자작나무는 태초의 신비인 양 아름다운 자태를 뽐내고 있었다. 그 위로 자작나무 잎새가 푸른 하늘을 가리운 채 바람에 흔들리며 오케스트라 연주회의 장중함을 뿜어냈다. 마치 천국의 문 앞에서 천상의 음악을 듣고 있는 듯한 느낌이었다.

그 자작나무 숲길에 두 갈래 길이 보였다. 그곳에 우두커니 서서 로버트 프로스트의 〈가지 않은 길The Road Not Taken〉을 소리 내어 읊었다.

> 오랜 세월이 흐른 다음
> 나는 한숨 지으며 이 이야기를 하겠지요.
> 숲속에 두 갈래 길이 갈라져 있었다고, 나는-
> 사람이 적게 간 길을 택하였고,
> 그것이 내 모든 것을 바꾸어놓았다고.

우린 종종 두 갈래 길에 직면한다. 그 순간 어떤 길을 선택하고 걸어가느냐에 따라서 모든 것이 완전히 달라지곤 한다. 나도 시인처럼 사람이 덜 밟은 길을 선택하며 살아왔다. 그리고 그 길과 선택에 결코 후회하지도, 다른 길을 바라지도 않았다. 나만의 최초이

자 최고의 길을 그렇게 무소의 뿔처럼 홀로 걸어갈 따름이었다. 물론 가지 않은 길에 대한 아쉬움이나 회한이 아주 없었던 것은 아니다. 다만 그 여정에서 만난 자연과 사람으로 이미 충분히 보상을 받았다고 생각한다.

그날도 어느 한 길을 선택하고 걸어서 길이 끝나는 곳까지 다녀왔다. 이르쿠츠크 시내를 가로지르는 강과 시내 전경, 너무나 아름다운 자작나무 숲과 나 자신을 보고 돌아왔다. 다시 두 갈래 길에 우두커니 서서, 경허 스님의 시를 읊어본다.

> 산여인무어山與人無語 (사람은 산을 대하여 말이 없고)
> 운수조공비雲隨鳥共飛 (새는 구름을 따라 함께 날아가네)
> 수류화발처水流花發處 (물 흐르고 꽃 피는 곳에)
> 담담욕망귀淡淡欲忘歸 (우두커니 서서 돌아갈 줄 모르네)

바로 이런 심정이 아니었을까.
나도 그 순간 감흥이 일어 졸시 하나를 지어봤다.

> 자작나무 숲에 들어 내가 비로소 자작나무가 되네
> 세상은 온통 순백의 설국 그리고 점점이 박힌 산 눈동자여,
> 수천수만의 연꽃 위에 수천수만의 눈동자

수천수만의 눈동자 위에 수천수만의 부처이어라!
내가 스스로 지어 내 스스로 돌아가 의지함이여,
그대와 더불어 수수만년을 항상 함께하고 싶어라

한때는 나도 프로스트의 〈자작나무〉 시처럼, '자작나무 타듯 살아가고 싶다'고 생각한 적이 있다. 그러나 현실이 그리 녹록하던가. 매 순간이 전쟁과 같고 매일매일이 지옥과 같은 나날들의 연속이었다.

한바탕 바람이 일자 자작나무 숲의 잎새들이 일시에 흔들리며 청천벽력 같은 아우성을 내질렀다. 언뜻 내비친 푸른 하늘빛조차 보이질 않고, 숲은 더욱 아름답고 짙푸르게 깊어만 갔다. 이 서늘한 바람과 나무와 대자연의 교향악 속에 내가 함께 자리한다는 것이 얼마나 감사하고 아름다운 순간이던지!

그러나 이제는 돌아가야 할 시간이다. 언제 다시 온다는 허튼 맹세도 없이 자작나무와 이 깨달음과도 같은 순간에 작별을 고하고 뒤돌아서 떠나야만 한다. 나의 귀로에 자작나무도 아쉬운지 부득불 따라나서며 기나긴 행렬을 이룬 채, 하얀 손수건을 흔들며 아쉬운 눈물을 점점이 흘리는 듯하다.

오늘은 내가 자작나무가 되어 미륵 부처님 오실 때까지 하염없이 그 자리에 서서 기다리고 싶다. 나무南無 자작나무 제불보살님

과 역대 선지식과 도반들이여! 아마도 스스로 지어 돌아가 귀의하기에 '자작나무自作南無'라 하는가 보다.

다음 날 바이칼 호수의 가장 큰 섬인 알혼섬으로 갔다. 언덕 위에는 오색 천을 두른 토테미즘의 신목神木이 있고, 그곳에서 바이칼의 석양을 바라본다. 우측으로는 해변과 같은 모래사장과 소나무들이 즐비하다. 그리고 자작나무 숲이 병풍처럼 펼쳐져 있다. 그곳에서 가족과 함께 중국, 몽골, 러시아를 떠도는 지구별 목수라는 이를 만났는데, 석양을 뒤로하고 막내딸을 무동 태운 채 부인과 아이들의 손을 잡고 걸어가는 뒷모습이 퍽 아름답고 행복해 보인다.

그리고 '소냐'라는 이름을 가진 두 아이를 만났다. 한 명은 독일 베를린 출신 아버지와 함부르크 출신 어머니 사이에서 태어난 독일인 소녀 소냐이고, 다른 한 명은 이르쿠츠크 현대공장에 다니는 러시아인 노동자의 딸내미 소냐다. 두 아이 모두 눈동자가 어찌나 푸르른지 바이칼 호수랑 별빛보다도 더 깊고 아름다웠다. 이 세상에 천사가 있다면 이 아이들이 아닐까 생각될 정도였다.

두 소냐의 손을 잡고 자작나무 숲을 산책하고 해변을 거닐던 그 아름다운 순간을 어찌 잊을 수 있으리오. 두 아이야말로 내 가슴속 소중한 자작나무이자 너무나 아름다운 바이칼 호수 그 자체였다.

다시 로버트 프로스트의 〈눈 내리는 저녁 숲 가에 멈춰 서서 Stopping By Woods on a Snowy Evening〉를 읊어본다.

숲은 아름답고 어둡고 깊다.
하지만 나는 지켜야 할 약속이 있어,
잠들기 전에 한참을 가야 한다.
잠들기 전에 한참을 가야 한다.

그렇다. 우리는 저마다 가야 할 길과 약속이 있다. 오늘은 우리가 자작나무가 되어 가야 할 길과 약속을 떠올리며 불가능한 꿈을 한번 꿔보면 어떨까. 새로운 길과 희망 그리고 깨달음과 회향을 위해 우리 모두 지금 여기에서 함께 사랑하고 행복할 일이다.

무릇 당신도 등짐 속의 한 짐

우리가 알고 있는 불기佛紀는 부처님의 탄생이나 성도成道가 아니라 부처님의 열반, 즉 불멸佛滅을 기준으로 삼는다. 왜 탄생이나 성도가 아니라 부처님의 열반을 기점으로 했을까? 나는 그 이유가 부처님이 선포하신 진리의 말씀이 열반을 통해 비로소 완성되었기 때문이라고 생각한다. 즉 열반을 통해 세상과 사람들을 위한 부처님의 가르침(불교佛敎)이 시작된 것이리라.

인도 불적 순례를 갔을 적에 쿠시나가르에서 처음 부처님 열반상을 마주했을 때 그 감동과 환희를 잊을 수가 없다. 그것은 세상의 끝과 같은 절망과 비애를 뛰어넘어 새로운 꿈과 희망의 시작이라는, 일종의 장엄함과 지극함이 아니었나 싶다. 아난존자는 스승

의 입멸 앞에서 슬픔에 겨워 울부짖었고, 제자들 또한 하늘이 무너지는 듯한 황망한 표정들이었다. 마치 은사이신 법장 스님께서 입적하실 때 내 모습을 보는 듯하여 가슴이 뭉클했다.

그런 제자들에게 부처님께서는 "비구들아, 너희들은 물과 기름처럼 서로 겉돌지 말고 물과 물처럼 화합하라. 혹시라도 내가 간 뒤에 교단의 지도자가 없어졌다고 생각해서는 안 된다. 너희들은 저마다 자기 자신을 등불로 삼고, 내가 가르친 진리를 등불 삼아 이 세상을 살아가야 하느니라. 모든 것은 덧없다. 부지런히 열심히 정진하라!" 하고 고구정녕 이르시고는 마침내 열반에 드시었다.

우리와 달리 동남아시아 불교 국가에는 와불을 조성하는 전통이 있는 듯하다. 그 가운데 태국 방콕의 왓포 사원, 캄보디아 씨엠립의 왓쁘레아얌통 사원, 미얀마 양곤의 차욱탓지 사원의 와불이 특히 유명하다.

대학 시절, 전국을 무전여행하며 전남 화순의 운주사를 찾아간 일이 있다. 군데군데 돌로 만든 미륵불들이 자리해 있었는데, 하나같이 우리네 이웃이자 민중의 얼굴과 묘하게 닮아 있었다. 할아버지 부처, 할머니 부처, 머슴 부처, 아이 부처 등 모두가 친근한 못난이 부처들이었다. 건립 당시 이름 없는 민중들의 얼굴과 마음속 애환, 간절한 염원이 석불마다 오롯하게 담겨 있는 듯했다. 누가 왜 이곳에 이런 엄청난 일(불사)을 했는지 알 수는 없지만, 현생이 힘

들고 괴로울수록 내생과 미륵을 기다리는 민중들의 염원이 이룩한 용화세계龍華世界, 그것이 바로 운주사이자 천불천탑이 아닌가 생각한다. 그런 까닭에 운주사 천불천탑은 당대 중생들의 모습이자 염원 그 자체였을 것이다.

그중에서도 가장 기억에 남는 것은 산등성이 북두칠성 모양의 저마다 크기가 다른 동그란 돌과 운주사 와불로 불리는 누워 계신 부처님이다. 운주사 와불은 남성과 여성 두 기의 석불이 하늘을 정면으로 바라보고 누워 있는 형상이다. 그래서 누군가는 부부 부처라고도 한다. 하기야 서산마애삼존불도 그 동네 사람들은 부처님 좌우의 협시보살을 본부인이나 첩이라고 했으니 그럴듯한 표현이다.

전설에 따르면, 도선 국사가 운주사 천불천탑을 하룻밤 사이에 세우면 새로운 세상이 열린다는 예언을 믿고 하늘에서 선동선녀를 불러 탑과 불상을 세우기 시작했다고 한다. 그리하여 마지막으로 두 불상을 일으켜 세우는 일만 남았는데, 그만 지친 상좌가 꾀를 내어 닭 울음소리를 내자 날이 샌 줄로만 안 선동선녀는 그 즉시 하늘로 올라가 두 기의 석불이 와불로 남았다고 한다.

이런 전설 때문인지 소설가 황석영이 쓴 《장길산》 말미에 보면, "우리가 세상의 밑바닥에 처박힌 것처럼 미륵님도 처박혀 있는 게야. 세상이 거꾸로 되었으니 상수하족上首下足은커녕 상족하수上

足下首가 맞네. 그래야만 우리가 힘을 합쳐 바로 일으켜 세울 것이 아닌가. (…) 이 미륵님만 일으켜 세워드리면 세상이 바뀐다네"라는 내용이 있다. 그래서 이를 근거로 미륵님이 출현하거나 민중이 주인 되는 새 세상이 도래하면 운주사 와불도 벌떡 일어나리라는 희망의 전설 같은 이야기가 생겨난 것이 아닐까 생각한다.

문득 조성국 시인의 〈운주사 와불〉《슬그머니》, 실천문학사, 2007)이란 시가 생각나 읊어본다.

누워 있는 것이 아니다
걷고 있는 거다 저문 하늘에
빛나는 북극성 좌표 삼아
천지간을 사분사분 밟으며 오르고 있다
등명燈明의 눈빛 치켜뜬 연인과
나란히 맞댄 어깻죽지가 욱신거리도록
이 세상 짊어지고
저 광활한 우주로 내딛는 중이다

무릇 당신도 등짐 속의 한 짐!

마지막 구절이 그야말로 절창이다. 중국의 작가 위화余華는《인

生活着》이란 소설에서 "인생은 무거운 등짐을 진 채 머나먼 길을 걸어가는 것과 같다"라고 했다. 나 역시 누군가의 짐이 아니라 누군가의 짐을 나누어 짊어지는 그런 사람이고 싶다. 운주사 와불처럼 이 세상과 중생의 짐을 이고 진 채, 세상과 중생에게로 당당히 걸어가고 싶다.

운주사 와불 옆에 가만히 누워 생각한다. 민초들의 벗이 되고 그들을 하늘로 알고 섬기노라면 운주사 와불은 어느 날 시나브로 일어나 새로운 세상을 열 것이라고. 새날, 새 세상, 새 사람만이 오늘과 내일의 희망이자 깨달음이라고.

우리 모두 한마음 한뜻으로, 더불어 함께하는(일심동행一心同行) 이 길 위에서 도반이 되었으면 하는 바람이다.

〈은하철도 999〉를 다시 보다

어린 시절, 일요일 아침마다 〈은하철도 999〉라는 TV 만화영화를 본 기억이 난다. 어릴 적 공상의 나래를 펼치며 우주여행을 하는 상상과 함께 신비의 여인 메텔의 존재는 얼마나 신비롭고 아름다웠는지 모른다. 나중에야 이 만화가 《화엄경》의 '입법계품入法界品'을 모티프로 창작했다는 사실을 알고는 놀랍고도 신선한 충격을 받았다.

'철이와 메텔의 우주여행'으로 요약되는 이 만화영화는 죽음과 기계문명, 노동과 환경, 인간 복제와 자기 정체성 등 온갖 철학적 주제들을 다루고 있어서 사실상 어른이 봐도 온전히 이해하기가 쉽지 않다. 마츠모토 레이지(1938~2023)의 원작을 일본 후지TV 가

1978년 첫 방송한 〈은하철도 999〉는, 3년 뒤 우리나라가 수입해 방영하면서 공전의 히트를 친 작품이다.

기계 인간이 되어 영생을 얻겠다는 호시노 테츠로(철이)와 신비의 여인 메텔이 안드로메다의 어느 별로 가기 위해 우주 공간을 달리는 열차에 탑승하면서 이 만화는 시작된다. 중간중간 수많은 별에 들러서 다양한 상황과 맞닥뜨리며 별의별 사람들을 만난다는 설정은 우리의 일상과도 빼닮았다. 즉 철이와 메텔이 달리는 우주가 곧 세상인 것이다.

이는 〈은하철도 999〉가 바로 《화엄경》의 '입법계품'을 모티프로 탄생했다는 것을 보여준다. 〈날아라 슈퍼보드〉가 현장 스님의 구법 여행기인 《서유기》를 모티프로 만들어졌듯이 말이다. '메텔'은 라틴어로 '어머니'라는 뜻을 가지고 있다. 또한 "여행 중 많은 생명이 죽임을 당하기에 처음부터 애도의 의미를 담아 상복 차림으로 설정했다"는 저자의 설명처럼, '철이'는 선재동자를, 메텔은 백의白衣 관세음보살을 상징한다고 할 것이다.

"터널을 지날 때 우주를 본 듯했다."

마츠모토 레이지가 이 만화를 쓸 때를 회상한 대목이다. 그는 고등학교를 졸업한 열여덟 살에 도쿄로 가는 편도행 기차에 올랐다. 그 열차가 바로 〈은하철도 999〉의 모티프가 되었다. 규슈와 혼슈를 연결하는 간몬터널에서 그는 "우주를 나는 열차를 상상했

다"고 한다. 어린 시절 꿈의 공간이었던 우주를 위대한 작품으로 실현한 것이다.

〈은하철도 999〉라는 제목 또한 자못 철학적이다. 저자는 인터뷰에서 "1000은 소년에서 어른이 된다는 것을 의미하며, '999'는 영원히 완성되지 않을 이야기를 상징한다"라고 말한 바 있다. 즉 아무리 오래 살더라도 인생은 끝끝내 불완전할 수밖에 없음을 말하고 있는 것이다.

철이는 여러 행성을 지나며 갖가지 상황과 맞닥뜨리면서 끊임없이 묻고 주저하고 절름거리며 결국엔 나름의 해법을 찾아간다. 모든 별에는 저마다의 고민과 슬픔과 희망이 있고 그 별을 기어이 통과해내야만 비로소 진짜 어른이 된다는 것, 나만의 별에 도착할 수 있다는 것을 말이다.

이렇듯 작은 말 한마디가 나를 계속해서 살아가게 할 수도 있고, 죽고 싶을 정도로 창피한 실수 하나가 훗날 더없이 소중한 보석이 될 수 있는 것이 바로 인생이다. 애플 창업자인 스티브 잡스가 마지막으로 남긴 유언 "여정, 그 자체가 보상이다"라는 말처럼, 모든 평범한 일상의 우연적인 인연의 합合이 필연이자 진리가 아닌가 싶다.

삶은 매 순간, 우리가 죽는 그 순간까지 수많은 화두를 던져준다. 인생에 대해 끊임없이 궁금해하고 번민을 거듭해 궁구하는 일

이야말로 자기 자신을 사랑하고 소중히 여긴다는 뜻이다.

타인의 아픔을 본능적으로 감지하고 함께 아파하는 '철이'처럼, 순수한 동심은 영원히 매력적이고 희망적이다. '메텔'의 관세음보살과도 같은 자비와 친절, 그리고 여성성만이 마침내 우리를 영원에 이르게 할 것이라고 믿는다. 어쩌면 우리가 지향해야 할 것은 완전한 '1000'이 아니라, 불완전하지만 인간적인 '999'일 수도 있겠다는 생각이 든다.

저자는 〈은하철도 999〉를 '청춘에 대한 송가頌歌'라고 한마디로 정의했다. 메텔은 청춘을 상징하는 인물이고, 철이가 보는 환상이기 때문이다. 영생을 얻을 수 있는 기계의 몸으로 바꿀 생각이 있느냐는 질문에 철이는 "영생을 산다면 대충대충 살 것이다. 살아 있다는 것은 한정된 시간을 사는 것이다. 시간은 꿈을 배신하지 않는다. 그리고 가치 있는 삶을 위해 꿈도 시간을 배신하면 안 된다"고 단호하게 답한다.

〈은하철도 999〉가 《화엄경》 '입법계품'의 현대적 버전이라는 전제하에 본다면, 철이는 선재동자이고 메텔은 관세음보살의 현신과도 같다. 무엇보다 전편全篇을 관통하는 주제 역시 '마음은 하나의 우주'라는 화엄의 인간관과 우주관을 여실히 드러내고 있다 할 것이다.

알다시피 선재동자는 진리의 세계에 들어가기 위해 힘차고 당

당하게 남쪽으로 순례하면서 53명의 선지식들에게 법을 물었다. 선재동자는 우리 마음속에 내재하고 있는 진리를 향한 힘찬 발걸음이므로 자기 자신의 투영과도 같다. 즉 선재동자의 구도 여정은 깨달음의 차원이 인고의 척박한 땅덩어리에서 실제로 피와 땀이 뒤엉킨 중생의 살냄새에 부대끼면서 열린다는 것을 적나라하게 보여주고 있는 것이다.

진리의 길로 이끄는 사람은 모두가 착한 벗이다. 그 사람이 잘났든 못났든, 노인이든 어린아이든 상관없이 누구라도 진리를 깨쳐준다면 그는 선지식이다. 그렇기에 '53 선지식'은 그 모든 사람을 포함하고 있는 것이다. 어디 선지식이 쉰세 분뿐이겠는가. 우리가 만나는 모든 자연과 사람이 모두 우리의 착한 벗이자 선지식이며 불보살이다.

그러할진대 우리도 선재동자가 되어 진리의 길을 떠나야 하지 않을까. 우리의 인생 자체가 바로 '입법계품'의 선재동자의 구도 여정이며, 그 궁극의 끝에는 깨달음의 꽃인 '화엄華嚴'의 세상이 아니겠는가. 그러니 부디 길과 원수 맺지 말고 이 길 위에서 잘 살아가기를 빌어 마지않는다.

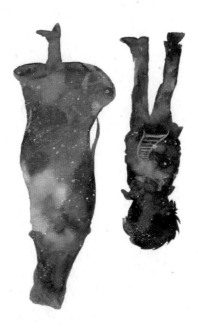

바람願과 바람風

나는 강원도 홍천군 내촌면 물걸리 '절골'이라는 두메산골에서 태어났다. 집 뒤편으로 고려시대 때 지어진 절이 있고 수십여 점의 보물이 출토된 '물걸리사지'가 바로 그곳이다. 그러니 불연佛緣이 아주 없지는 않은 듯하다.

나의 아버님은 2남 1녀 가운데 둘째로, 일찍 결혼해 군대를 다녀온 뒤 가족을 먹여 살리기 위해 고향을 떠나 강원도 양구로 이주하셨다. 당신은 우리에게 흥부인 양 말씀하시고 우리도 그리 세뇌가 되었지만, 딱히 그렇지만은 않았으리라 생각한다. 당시는 장자 승계가 원칙이었을 테니 말이다. 오히려 그런 상황에서 좀 더 진취적이고 도전적인 삶을 살 수도 있었을 것이다.

어찌 되었든 내 어린 시절은 온통 사방이 산과 물로 막힌 유배지 혹은 절해고도 같은 기억뿐이다. 높은 산과 깊은 강, 늦게 뜨고 일찍 지는 해와 음산하고 처량한 달빛, 온갖 가난과 고통의 질곡들, 책보와 오동잎 우산과 초근목피의 배고픔, 지긋지긋한 감자와 옥수수, 대남 방송과 군인들의 거친 욕설, 어디에나 있던 삐라들……. 그 속에서 나는 참 모질게도 살아왔다.

그러니 저 산과 강 너머의 또 다른 세계를 동경했음은 당연하다. 초등학교 2학년 때 읍내로의 가출과 영화 관람, 그리고 단 한 번의 결석과 땡땡이는 그곳에서 벗어나고픈 내 나름의 일탈과 몸부림이 아니었나 싶다.

내 나이 열아홉이 되어 대학에 들어가면서 그 지긋지긋한 강원도 산골을 마침내 벗어날 수가 있었다. 동국대학교 불교학과에 들어갔는데 불교에 대해 아무것도 모르는지라 절망과 번민 그리고 방황이 함께 찾아왔다. 그런 까닭에 맨땅에 헤딩하는 심정으로 직접 온몸으로 부딪히며 불교와 삶에 대해 끊임없이 고민하고 성찰하는 계기가 되었다.

돌이켜보니 그 숱한 불면의 밤과 수많은 선택의 갈림길에서 스물네 해 동안 나를 키우고 일으켜 세운 것은 팔 할이 바람願 혹은 바람風이 아니었나 생각한다. 새로운 세상을 향한 간절한 바람과 운수雲水와도 같은 바람이 나를 키우고 불가능한 꿈을 꾸게 하였

으리라. 그리고 스물네 해를 보내는 그해 겨울에 드디어 나는 덕숭산 수덕사로 출가를 감행하였다.

그때 왜 출가를 해야 했는지, 대체 무슨 생각으로 그리했는지 지금도 잘 모르겠다. 다만 남들이 가지 않은 그 길을 한번 가보고 싶었다. 아니, 그 누구도 이루지 못한 불가능한 꿈을 이루고 싶었는지도 모르겠다. 어쨌든 그날의 결심은 훗날 생각해도 참 잘한 일생일대의 '위대한 포기'이자 '탁월한 선택'이 아닌가 싶다.

출가해서 3년간 원담 노스님을 시봉하다가 드디어 선방으로 향했다. 이번 생은 없다손 치고 치열하게 용맹정진해 참 깨달음을 얻고 싶었다. 그런데 그게 어디 말처럼 쉬운가? 절망과 불면의 밤을 지새우다가 또다시 일탈과 자유를 꿈꾸며 만행萬行으로 배낭여행을 준비했다. 선방과 세상을 넘나드는 청산과 백운의 이중생활(?)이 시작된 것이다.

그렇게 시작된 나의 배낭여행은 10여 년에 걸쳐 130여 개 나라를 떠돌게 만들었다. 다만 여름과 겨울 수선안거는 지키면서 주로 봄가을 해제 철에 배낭여행을 하였다. 내게 여행은 수행의 또 다른 수단이자 나를 찾는 과정이며 내 오랜 바람의 실현이었다. 나는 그렇게 선재동자가 되어 새로운 삶과 사람들 그리고 세계를 유력하면서 무작정 떠돌았다. 그리고 마침내 나만의 한 길로 나아갈 수가 있었다.

그러다가 다시금 교육원 소임을 맡아 9년간 어수('어쩌다 수도승 首都僧'의 줄임말)이자 행정승으로 살았다. 이 경험 또한 내 삶과 수행에 있어 중요하고 의미 있는 일이 아닌가 생각한다. 그렇게 맘껏 떠돌았으니 이제라도 실천을 통해 일종의 '밥값'이자 '재능 기부'를 하고 싶었다.

누구보다도 조계종 학인대회를 함께한 학인 스님들과 해외 순례 연수를 함께한 동참 대중의 노고와 열정에 감사하지 않을 수 없다. 남들이 불가능하다고 생각하는 것들을 '안 될 게 뭐야!' 하며 도전하고 실천함으로써 결국 현실로 이루어낸 것이 스스로 대견스럽고 자랑스럽기까지 하다. 아마도 모든 이의 바람이 담겨 있었기에, 그들과 함께함으로써 그 꿈을 실현할 수 있었다고 믿는다.

교육원 10년을 갈무리하며 나는 또 다른 불가능한 꿈을 꾸기 시작했다. 지중해 연안과 서아프리카를 여행한 뒤 다시 선방으로 들어가 참선 수행을 하는 것이다. 그리고 시골의 작은 구멍가게를 하나 인수해 사장 겸 동네 이장을 하면서 시골 동네를 변화시키는 새로운 농촌 재생 모델을 한번 만들어보고 싶다.

아울러 내가 출가하면서부터 고민했던 스님들 임시 짐 보관이며, 혹은 스님네 거주 공간 및 화합과 상생의 승가 공동체를 사회적기업의 형태로도 만들어보고 싶다. 그리고 소액금융 대출 비영리단체인 키바KIVA 같은 사회적기업을 만들어 누구든지 참여할

수 있는 모델로 한번 운영해보고 싶다.

그런 후에는 다시 배낭을 둘러메고 인도 갠지스강이나 티베트 혹은 네팔의 히말라야를 여행할 것이다. 여행자로서 그곳 어딘가 길 위에서 생을 마감한 뒤 화장하여 흩뿌려진다면 더 바랄 게 없을 것 같다.

"청산은 나를 보고 말없이 살라 하고, 창공은 나를 보고 티 없이 살라 하네. 사랑도 벗어놓고 미움도 벗어놓고, 물같이 바람같이 살다가 가라 하네."

하나의 바람이 천 개의 바람이 되어 마침내 온 세상에 천 개의 연꽃과 천 분의 부처로 화현하기를 빌어본다. 그렇다면 내 삶도 결코 헛되지 않으리라.

"이 좋은 걸 왜 못 하고 계세요?"

스님들께 "어떻게 출가하셨어요?" 하고 묻는 것은 일종의 금기와도 같다. 스님네는 속세의 일을 입에 올리는 것 자체를 거북해한다. 지난 전생의 일이라 믿기 때문이다. "스님, 연애는 해보셨어요?" 하고 질문하는 것과 같은 이치다. 그렇다 하더라도 친절히 설명해주면 될 것을 버럭 화를 내거나 "그건 알아서 뭐 하려고!" 하고 면박을 줄 필요까지는 없으리라.

중생의 얼굴과 삶이 다양한 까닭에 불법도 거기에 응해 팔만사천의 법문이 존재하는 것이리라. 누군가는 스님의 온화한 성품과 따사로운 말 한마디에 깊이 감화되어 불교를 신수봉행信受奉行(믿고 받들어 실천하다)할 것이다. 그러니 석주 노스님께서 자주 휘호하

시던 '화안애어和顏愛語'라는 글처럼 온화한 표정에 부드러운 말씨로 중생을 대할 일이다.

부처님께서 출가하심을 가리켜 서양의 학자들은 '위대한 포기'라고 말한다. 인간 싯다르타의 출가 덕분에 온 인류에 크나큰 빛과 희망이 되셨기 때문이다. 당신의 출가를 본받아 이후 2600여 년간 출가하는 이가 끊임없이 이어져 오늘에 이르렀다. 그러할진대 출가 소식을 애써 숨기고 감출 이유가 어디 있겠는가? 도리어 법답게 잘 일러줌으로써 진리의 길에 나서게 함이 옳으리라.

어디서부터 말해야 할까? 나의 출가 이야기를 말이다.

대학 졸업 무렵 그동안 써오던 잡문을 모아 '석천세설石泉世說'이라 명명하고 작은 소책자를 만든 적이 있다. 부제로는 미당 서정주의 "길은 어느 곳에나 있지만 길은 어느 곳에도 없었다"라는 시구를 적어놓았다. 그리고 그 책 한 권을 내가 가장 따르고 존경하는 통도사승가대학의 지형 스님께 드렸다.

그런데 스님이 책을 한 장도 넘겨보지 않으시고는 "왜 '길은 어느 곳에나 있지만 길은 어느 곳에도 없었다'라고 했나요?" 하고 물으셨다. 사실 멋 부린다고 써놓은 거라 아무 말도 못 했다. 그러자 스님께서 "그것은 이미 당신이 그 길 위에 서 있기 때문입니다!"라는 말씀으로 내 답변을 대신해주셨다.

그 순간 나는 망치로 머리를 한 대 얻어맞은 듯한 충격과 전율

에 빠져들었다. 그야말로 우문현답이었다. '아, 내가 이미 이 길 위에 서 있었구나!' 하는 크나큰 깨달음과 함께 출가를 결심하게 된 순간이었다.

이후 평소 존경하던 호진 스님을 찾아뵙고 출가의 뜻을 밝히니 이렇게 말씀해주셨다. "네가 출가하면 중노릇을 막 하든지, 혹은 제법 잘할 수도 있으리라" 하시면서, "어느 한 길을 선택한다는 것은, 다른 모든 가능성의 길을 완전히 포기하는 것이다. 네가 그리 할 수 있다면 한번 잘해보라"고 격려와 응원을 해주셨다.

그리하여 새해를 앞둔 어느 날, 문득 '오늘은 출가를 해야겠다!'는 결심이 들었다. 고향 친구이자 대학 동기인 중도中道가 아침에 건네준 만 원짜리 지폐를 받아 들고 덕숭산 수덕사로 향했다. 경주에서 대전을 거쳐 예산에 이르는 차 안에서 바라보는 예산평야의 너른 들판과 지평선 너머로 지는 석양이 참 보기 좋았다.

저녁 무렵 수덕사 아래 사하촌에 도착해 허름한 여관에서 하룻밤을 묵었다. 그때만 해도 사하촌이 정비가 안 되어 있던 때라 일주문 앞에 음식점이며 다방이며 여관이 즐비했다. 밤새도록 전혀 새로운 길과 운명에 대해 생각했다.

덕숭산 수덕사는 대학 2학년 사찰 순례 때 처음 와본 곳인데, 왜 굳이 이곳으로 출가해야겠다고 마음먹었는지는 나도 모를 일이다. 아마도 숙세宿世의 인연이 있었으리라 짐작할 따름이다. 그게

아니라면 최인호의 소설《길 없는 길》에 등장하는 경허, 만공, 혜암, 벽초, 원담 스님에게 매료된 탓도 있으리라. 더 이유를 대라면 김성동의 소설《만다라》속의 지산 스님이 수덕사 스님이라는 얘기와 일엽 스님의 〈청춘을 불사르고〉라는 수필의 영향도 있으리라 생각된다.

아침 일찍 일어나 수덕사 뒷산인 덕숭산에 올랐다. 그곳에서 모든 짐을 내려놓고 출가하고 싶었다. 정혜사에 이르는 1080계단을 오르며 바라본 소림초당이며 마애관음석상 그리고 향운대와 만공탑이 왠지 모르게 낯설지 않았다. 마치 나의 전생 어느 때인가 이곳에서 살았던 것처럼 고향에 온 듯한 느낌이었다. 500m가 채 되지 않는 정상에 올라 고함을 한 번 내질렀다. 정상에서 바라다보이는 수덕사의 풍광이 가슴 시리도록 내 안에서 파문을 일으켰다.

그렇게 나는 덕숭산 수덕사로 출가해 스님이 되었다. 출가하고 며칠 뒤 당시 주지이신 법장 스님 방에 불려가 천안 보살님들 십여 명이 지켜보는 가운데 스님께서 손수 삭발해주셨다. 스님이 머리를 툭 치며 "이놈, 두상이 좋아 중노릇 잘하겠다" 하시는 말이 이상하게 위로가 됐다. 그렇게 인연이 되어 방장이신 원담 노스님과 은사인 법장 스님을 시봉하면서 왜 이곳으로 출가를 했는지 어렴풋이 느낄 수가 있었다.

지금까지 30여 년을 스님으로 살아보니, 이 모든 여정이 모든

분의 자비慈悲이자, 그동안 함께한 무수한 인연들의 덕화德化가 아닌가 하는 생각이 든다. 그 모든 인연에 고맙고 내 삶과 수행에도 감사한 마음이 든다. 사람들은 내게 "이 좋은 세상에 왜 출가를 하셨어요?"라고 묻지만, 나는 도리어 그들에게 "이 좋은 출가를 왜 아직도 못 하고 계신가요?"라고 되묻는다.

"그대여, 길은 어느 곳에나 있지만 길은 어느 곳에도 없다고 느낄 때, 당신은 이미 이 길 위에 서 있는 것입니다. 바로 지금, 여기가 마침내 한 마음을 내야 할 때이니, 한번 마음을 내어 출가해봄이 어떠신가요?"

나는 지금도 매 순간, 매일매일 또 다른 출가出家를 꿈꾼다. 출가는 단순히 집을 떠나는 것이 아니다. 이 세계와 나 자신으로부터 '버림'과 '떠남'이 참 출가다. 나그네는 길에서도 쉬지 않는 법이다. 그렇게 우리는 본래 내 집으로 돌아가려는, 귀가도중歸家途中의 영원한 나그네다.

저 멀리 밥 짓는 연기가 피어오르고 어머님이 나를 향해 손짓해 부르시는 듯하다. 고지가 바로 저긴데, 예서 그만둘 수는 없지 않은가. 가던 길 앞에 있으니 아니 가고 어찌할꼬!

다시 살아야겠다

벗에게 시를 보내면 그에 답시를 보내던 시절은 실로 행복했을 것이다. 어느 날 시인 조지훈이 벗인 박목월에게 〈완화삼玩花衫〉이란 시를 보냈다.

차운산 바위 위에 하늘은 멀어
산새가 구슬피 울음 운다.

구름 흘러가는
물길은 칠백 리

나그네 긴 소매 꽃잎에 젖어
술 익는 강마을의 저녁노을이여.

이 밤 자면 저 마을에
꽃은 지리라.

다정하고 한 많음도 병인 양하여
달빛 아래 고요히 흔들리며 가노니.

이에 박목월은 흥이 일어 〈나그네〉라는 시를 지어 보냈다.

강나루 건너서
밀밭 길을

구름에 달 가듯이
가는 나그네.

길은 외줄기
남도_{南道} 삼백 리.

술 익은 마을마다

타는 저녁놀.

구름에 달 가듯이

가는 나그네.

이 얼마나 아름답고 행복한 순간인가? 내게도 이런 벗이 있다면 더 바랄 게 없겠다. 함석헌 옹의 〈그대, 그런 사람을 가졌는가〉라는 시처럼 말이다.

구한말 혜성처럼 나타나 한국 선불교를 중흥시킨 경허 선사가 제자 만공 스님과 함께 만행할 때의 일화다. 하루는 경허 선사가 단청불사를 한다며 시주를 받아서는 홀랑 곡차를 사서 마셔버렸다. 걱정이 된 만공 스님이 "큰스님! 어찌 단청불사를 한다면서 시주를 받아 곡차를 사 드십니까?"라고 말씀드리니, 경허 선사는 "이놈아! 내 얼굴에 이미 단청불사를 해 마쳤느니라!" 하셨단다. 해는 지고 저녁노을이 붉게 물들어갈 즈음 얼굴 가득 또 다른 단청으로 곱게 물들어가는, 살아 있는 부처 '경허'의 모습이 눈에 선하다.

오래전 일인데, 젊은 시절 황동규 시인의 《몰운대행沒雲臺行》이란 시집에 매료되어 영월 김삿갓 묘를 거쳐 몰운대를 찾은 적이 있

다. 그날 나는 몰운대의 저녁노을 그 황홀경에 흠뻑 취했다. 까마득한 절벽 위에 홀로 선 채 푹신한 흰 구름과 숲의 바다에 뛰어내리고 싶을 정도였으니 말이다.

저녁노을이 아름답기로는 전북 부안의 변산반도에 자리한 격포해수욕장과 채석강이 유명하다. 대학 시절 부안에 들러 서림공원에 있는 조선의 명기 매창梅窓 시비를 참배했다. 그리고 그의 시조를 한 자락 읊조리며 술 한잔 올려주었다. 무엇보다 그의 사후 58년 뒤인 1668년, 그의 시문을 부안 아전들이 모아 목판에 새겨 《매창집》을 개암사에서 간행하였다고 하니, 더욱 고맙고 감사한 일이다.

그러고는 서둘러 변산반도의 격포해수욕장에 해 지기 전 도착해 채석강에 자리를 잡았다. 서해의 석양과 저녁노을을 기다릴 참이었다. 서서히 노을빛이 붉게 지는데, 하늘과 바다와 내 얼굴빛이 온통 불그스름 물들어가는 그 감동과 희열의 순간을 감히 내 말재주로는 도저히 표현할 수가 없었다. 그저 합장한 채 감탄하며 침묵했을 따름이다.

서울로 올라와 조계종 교육원에서 소임을 살며 북촌 한옥마을의 계동 숙소에서 7년여를 살았는데, 숙소 베란다에서 바라다보이는 한옥 기와의 아름다움이 단연 압권이었다. 무엇보다 경복궁과 인왕산 너머로 지는 저녁노을의 황홀한 모습과 감동을 잊을 수가

없다. 서울 한복판에서 이런 호사와 감동을 함께할 수 있는 곳이 몇 곳이나 되겠는가? 그 하나의 풍경만으로도 능히 값을 매길 수 없는 무가보無價寶를 간직한 곳이리라. 석양빛에 물들어가는 도시를 바라보며 왕유의 〈녹채鹿柴〉라는 시에 "빈산에 사람은 보이지 않고, 사람의 말소리만 들려오네. 저녁볕이 숲속 깊이 들어와, 다시 푸른 이끼를 비추네(공산불견인空山不見人 단문인어향但聞人語響 반경입심림返景入深林 부조청태상復照靑苔上)"라는 감흥을 느끼는 것이다.

한편 강화도는 대몽항쟁의 전초기지이자 고려 팔만대장경이 만들어진 성지다. 관음성지인 보문사나 전등사도 좋지만 나는 적석사의 낙조대落照臺를 사랑한다. 조선의 마지막 양명학자인 이건창李建昌 선생의 묘에 참배하고는 그의 생가터를 돌아본다. 그의 문학비에는 〈숭양 가는 길에(숭양도중崧陽道中)〉라는 한시가 새겨져 있는데 "(…) 자세히 헤아리니 일생 동안 벼슬살이에서, 마음에 맞는 일보다는 몸만 고달팠네(세수일생유환사細數一生遊宦事, 회심편소역형다會心偏小役形多)"라는 대목이 가슴을 후려친다.

산 정상부에 자리한 적석사에 올라 감로수로 목을 축이고는 몇 백 년은 족히 됨 직한 고목나무 아래 앉아 시원한 바람을 맞는다. 주지인 제민 스님을 만나 차담을 나누다가 해 질 무렵이 되어 왼쪽 산길을 조금 오르니 석불이 자리한 낙조대가 나온다. 이곳에서 바라보는 서해와 보석 같은 섬들의 행렬 위로 서서히 석양이 지고,

이내 붉은 노을이 시와 노래처럼 장엄하게 하늘과 서해와 내 가슴을 붉게 물들인다.

"아! 아미타불 서방정토가 바로 이런 모습이 아닐까!"

감탄사가 절로 나올 정도로 황홀한 충격과 전율이 느껴진다.

문득 오늘은 내가 붉은 노을로 불타오르며 온 세상을 붉게 물들이고 싶어진다. 한낮의 뜨거운 태양이 묘지를 비추며 타들어가고, 마지막 정념의 몸부림으로 석양과 노을이 진 자리에 하나둘 별이 돋아나 밤하늘을 밝혀준다. 빈센트 반 고흐의 〈별이 빛나는 밤에〉라는 그림을 보며 돈 맥클린의 명곡 〈빈센트Vincent〉를 흥얼거려본다. 그로 인해 온 세상을 더 붉게 물들이는 핏빛 석양과 노을이 동백 꽃잎처럼 내 멍든 가슴에 하염없이 내려앉는다. 그럼에도 불구하고 다시 한 번 더 이 아름답고 황홀한 노을을 보기 위해서라도 나는 살아야겠다. 그리하여 그 풍광과 깨달음을 증언해야겠다.

누군가는 인생의 마지막을 저녁노을처럼 붉게 물들이고 싶다고 말한다. 그러려면 지금, 이곳에서 매일 매 순간을 치열하게 살아가야 한다. 저녁에는 이 세상 마지막인 것처럼 저녁노을과 같이 불타오르고, 아침에는 생애 처음 해를 보듯이 태양을 맞이할 일이다.

오후의 작렬하는 태양이 이제 서쪽 하늘로 넘어가려 한다. 저 붉은 태양이 지고 나면 선홍빛 노을로 물들 것이고, 이내 밤하늘

위로 수많은 별이 향연을 펼칠 것이다. 그리고 밤을 이겨낸 이들에게 내일의 태양은 다시 장엄히 떠오를 것이다. 그렇게 매일 매 순간이 기적이고 생애 최초이자 마지막이며, 가장 의미 있고 아름다운 최고의 나날이 될 것이다.

내가 만행을 하는 이유

살면서 누구나 한 번쯤은 자신이 가는 길이 옳은 길인지 의문과 회의가 들 때가 있다. 스님들에게는 4년 차나 9년 차에 그런 일이 종종 생긴다. 잠시 지나가는 바람처럼 가볍게 흘러 지나가기도 하지만 심한 홍역이나 열병을 앓기도 한다. 그럼 지체 말고 만행을 떠나는 것도 하나의 방법이리라.

어느 해인가 내게도 그런 날이 시나브로 찾아왔다. 아니 예정된 수순이었다고 하는 게 맞을 것이다. 무릇 모든 일은 그럴 만한 이유가 있게 마련이다. 그 또한 더 큰 깨달음을 위한 일종의 통과의례가 아닐까 생각한다.

어쨌든 그해 봄날, 나는 무작정 만행 길에 올랐다. 다시 돌아오

지 못할지도 모른다는 비장함으로 내가 처음 도착한 곳은 강원도 양양 낙산사다. 중·고등학교 시절 자주 갔던 곳이기도 하고, 이문열의 소설《젊은 날의 초상》의 주인공과 같은 심정을 느껴보고 싶어서였을 게다.

수덕사에서 주지인 은사 스님을 시봉하던 시절, 하루는 주지 스님 방으로 쳐들어가 어리둥절해 하는 스님에게 다짜고짜 삼배를 드렸다. 그러고는 "마음이 싱숭생숭하니 바다라도 보고 올랍니다" 라고 말씀드렸다. 그러자 스님께서 "그리 다녀와도 마음이 안정이 안 되면 놀러 간 것밖에 더 되느냐?" 하고 힐문하셨다. 그럼에도 "바다에 가서 파도에게 팔뚝질이라도 하고 올랍니다"라고 말하고는 차비를 받아 동해에 다녀온 일이 있는데, 어쩌면 그 기억 때문인지도 모르겠다.

양양 낙산사를 시작으로 하조대, 경포대, 삼화사와 무릉계곡, 월정사와 상원사를 거쳐 영월 김삿갓 묘지와 청령포, 정선 아우라지, 몰운대, 정암사 등으로 만행은 이어진다. 그런데 평소에는 그리 눈 씻고 찾아도 볼 수 없던 스님네가 왜 그리 자주 보이든지. 숲에서 나오니 비로소 숲이 보이는 형국이 아닌가. 승가와 스님네의 '심보'가 싫어 나선 길에 도리어 스님네를 자주 만나는 것은 또 무슨 깊은 뜻이 있으리라 생각이 드는 것이다. 게다가 사찰이며 암자에 가면 애틋한 그 무엇이 늘 함께하니 이 또한 알 수가 없는 노릇이다.

'전생 어느 순간엔가 이곳에서 산 게 아닐까' 하는 마음이 절로 드는 것이 신통방통하기만 하다.

한편, 시장이나 건설 현장 혹은 시골 마을에 가보면 세간 사람들의 고단하고 힘겨운 삶이 고스란히 느껴진다. 산속에 거하면서 그런 중생들의 노고가 깃든 공양물을 너무나 당연한 듯이 쉽게 소비하고 있었던 것은 아닌가 하는 참회와 성찰을 하지 않을 수 없다. 처음 보는 낯선 이에게 자신의 것을 기꺼이 나눠주는 모습에 눈물이 날 정도로 감사한 마음이 든다. 사람은 길과 자연과 사람들 속에서 몸으로 부딪치며 하나씩 배운다더니, 말과 글이 아닌 몸으로 직접 배우는 귀한 시간이다.

옛날에 금강산 마하연 선원에서는 한 철을 난 수좌가 다음 철이 되면 범어사나 해인사에 방부를 들이고는 했다. 그러자면 해제 철에 전국을 떠돌며 탁발을 하면서 그곳까지 걸어가야 했다. 이는 만행에서 경험하는 공부가 삶과 수행 그리고 깨달음에 있어 더 없이 소중하고 의미가 크다는 것을 일깨워준다. 다시 말해 위로 진리를 구하는 마음과 아래로 중생을 교화하는 자비보살행이 따로 떨어져 있는 것이 아니라, 동시적이고 상호보완적으로 함께해야 한다는 것이다. 그런 까닭에 결제와 해제가 둘이 아니고, 청산과 백운이 하나가 되어야 하는 것이다.

본래 수행자가 수행이 좋다는 것은 익히 알고 있지만, 부처님 가

르침을 실천해야 한다는 사실은 자주 잊고 산다. 심지어 밥 얻어먹고 사는 일이 어렵다는 것을 도무지 알지 못하는 경우도 많다. 자고로 항산恒産이 있는 곳에 항심恒心이 있게 마련이니, 부디 진중珍重하여 그르쳐 가지 말아야(막착거莫錯去) 할 것이다.

나의 만행 길은 강원도를 시작으로 경북과 충북을 거쳐 다시 경상도와 전라도 해안을 따라 남도 지방으로 이어진다. 길을 떠난 지 한 달여가 지나자 마음이 조금씩 수그러든다. 그렇지만 점점 익숙한 일상에 그날이 그날 같은 나날의 연속이다.

부산에서 김해를 거쳐 진주와 남해 그리고 통영을 지나 하동에서 섬진강을 따라 구례로 들어서면 전라도다. 여수 향일암과 흥국사를 거쳐 조계산 송광사와 선암사를 보고는 벌교와 강진, 완도와 해남으로 이어진다. 해남 대흥사와 진도 쌍계사를 보고는 땅끝마을과 보길도까지 둘러본다. 그리고 다시 북상해 화순 운주사와 조광조 유배지 그리고 5·18 광주 망월동 묘지를 참배하고는 담양의 정자와 장성 백양사와 운문암을 거쳐 백제 가요 〈정읍사〉의 고향인 정읍에 이른다.

고창 선운사와 도솔암 그리고 미당 서정주의 질마재를 지나 전나무 숲길로 유명한 내소사와 해안선사海眼禪師 부도탑에 참배하고는, 근처 곰소라는 작은 포구의 허름한 여인숙에 다다른다. 그제야 두 달여 만에 비로소 마음이 쉬어지고, 가야 할 길이 조금씩

윤곽을 드러낸다. 오랜 벗이 보내온 이메일 속의 문수보살 게송과 지난 두어 달의 번민과 절망 속에서도 성찰과 모색을 게을리하지 않은 결과다. 이제는 미련 없이 만행을 접고 내가 있어야 할 곳으로 돌아갈 때다.

두 달여의 만행으로 머리와 수염이 덥수룩하고 몰골이 말이 아닌 상태다. 그렇게 중도 소도 아닌 모습으로 돌아온 내게 은사 스님은 "이제 마음은 다 쉬었느냐?" 하고 물으신다. "그렇습니다" 하니, "그럼 됐네. 이제 삭발하고 밥부터 먹고 중노릇 잘하거라!"고 말씀하신다. 그 한마디에 왈칵 눈물이 흐르며 통곡이라도 하고 싶은 심정이다. 누군가 나를 믿고 응원해준다는 것이 너무나 고맙고 행복한 순간이다.

그때 그 시절, 질풍노도의 시기에 우리 스님의 다정한 말 한마디와 모두 안다는 듯한 가없는 미소와 응원 덕분에 지금의 내가 있는 것이리라. 앞으로도 언제고 또 무언가를 찾아 무작정 길을 나설지도 모르겠다. 이젠 스님도 아니 계시니 길 위에서 만나는 자연과 사람들이 나를 위해 무언의 설법을 해주시리라. 부디 그 길과 원수 맺지 말고 사람과 자연 속에서 함께하며 그렇게 살아갔으면 하는 바람이다.

매일매일 나그네로 여행 중

무리카미 하루키는 《먼 북소리》라는 책의 서문에서 이렇게 말했다.

그렇다. 나는 어느 날 문득 긴 여행을 떠나고 싶어졌던 것이다. 그것은 여행을 떠날 이유로는 이상적인 것이었다고 생각된다. (…) 어느 날 아침 눈을 뜨고 귀를 기울여 들어보니 어디선가 멀리서 북소리가 들려왔다. 아득히 먼 곳에서, 아득히 먼 시간 속에서 그 북소리는 울려왔다. 아주 가냘프게, 그리고 그 소리를 듣고 있는 동안, 나는 왠지 긴 여행을 떠나야만 할 것 같은 생각이 들었다. 이것으로 충분하지 않은가.

누구에게나 이런 '북소리'가 들려올 때가 있다. 그러면 풍족신風足神의 부름에 응해 신발 끈을 고쳐 매고 무작정 길을 떠나보자.

언젠가 나도 어찌할 수 없는 마음으로 멕시코, 쿠바, 캐나다로 여행을 떠났다. 일종의 도피인지 일탈인지는 잘 모르겠다. 그저 체 게바라와 헤밍웨이의 흔적을 찾아 길을 나섰다. 아니, 아스테카·마야문명과 카리브해의 칸쿤, 쿠바의 아바나 그리고 캐나다 로키 산맥이 보고 싶었다.

멕시코 수도인 멕시코시티까지의 비행시간은 엄청나게 길었다. 공항에 내린 순간 나는 어떤 은하계의 혹성에 도착한 느낌이었다. 무질서와 혼돈 가운데 어떤 생경함과 조화로움이 한데 어우러져 묘한 긴장과 전율을 느끼게 했다.

1519년 11월 8일, 스페인 출신 에르난 코르테스가 아스테카왕 국의 몬테수마 2세를 만나면서 아스테카의 비극은 시작된다. 몬테수마 황제는 백마에서 내리는 코르테스를 신 혹은 신의 사자使者라고 생각했지만, 그는 그저 잔혹한 정복자일 뿐이었다. 대학살이 시작되고 천연두의 창궐로 거의 모든 아스테카 사람들이 죽었다. 그리고 원주민과 정복자 사이에서 새로운 인종인 '메스티소 Mestizo'라는 혼혈 자손이 태어났다.

'신들의 도시'인 테오티우아칸은 멕시코시티에서 50km 정도 떨어져 있는데, 외계인이 지었다는 전설이 있을 정도로 웅장하고 장

엄하다. 남북으로 3km가량 뻗은 '사자死者의 길' 양편에는 신전 역할을 담당하는 '태양의 피라미드'와 '달의 피라미드'가 자리한다. 이 엄청난 규모의 유적 앞에 서면 그저 침묵과 감탄할 수밖에 없다. 그리고 아스테카문명의 번영과 몰락 앞에 눈물과 한숨을 짓게 된다.

마침 그날은 멕시코 독립기념일이라 대통령궁이 있는 소칼로 광장으로 향했다. 1810년 9월 16일, 미겔 이달고 신부가 교회 종을 쳐서 교구민들을 불러 모아 역사적인 독립혁명을 천명했다. 이 날을 기념해 오후 9시 16분 대통령궁 2층 테라스에서 수많은 군중을 향해 대통령이 "비바 멕시코Viva Mexico(멕시코 만세)"와 "비바 인디펜데시아Viva Independecia(독립 만세)"를 외치면 군중도 함께 외치는 장관이 펼쳐진다. 어느 민족에게나 독립과 자유는 그 무엇과도 바꿀 수 없는 것이라는 생각을 하게 된다.

한국에 제주도가 있다면 멕시코에는 세계적인 휴양지 칸쿤이 있다. 코발트 빛의 카리브해 가운데 가장 아름다운 휴양지로 손꼽히는 곳이다. 시내 숙소에서도 문을 열고 세 걸음만 뛰면 바로 야외 풀장이 펼쳐진다.

칸쿤에서 200km 떨어진 치첸이트사는 천문학과 건축기술이 어우러진 마야 유적지로 유명하다. 뱀의 신전으로 불리는 쿠쿨칸 피라미드와 헨리 무어의 〈누워 있는 여인상〉의 모티프가 된 차크

몰 석상이 있고, 신성한 우물로 가뭄이 들면 여자아이나 보석을 바치며 기우제를 지낸 세노테 연못이 있다.

멕시코 칸쿤에서 쿠바 아바나까지는 직선거리로 약 100km밖에 안 된다. 비행기로 한 시간 정도 걸려 쿠바 아바나의 관문인 호세 마르티 공항에 첫발을 내디뎠다. 드디어 피델 카스트로와 체 게바라의 혁명 혼이 깃든 쿠바의 수도 아바나에 입성한 것이다.

이튿날 혁명광장으로 가서 내무부 건물 외벽에 철골 구조물로 만들어진 체 게바라 초상을 본 순간의 감동과 희열을 결코 잊을 수가 없다. 아바나 대성당 앞에서 연주하는 〈부에나 비스타 소셜 클럽〉을 능가하는 할아버지 밴드와 100년이 넘는 구식 카메라로 찍은 1달러짜리 기념사진도 가히 압권이었다.

산책 코스로 그만인 말레꼰 해변에서 아이들이 다이빙하는 모습을 구경하다가 카리브해로 지는 멋진 일몰과 장엄한 석양빛에 도취되곤 했다. 또 밤에는 미국의 대문호 헤밍웨이가 《노인과 바다》를 쓴 호텔과 그가 데낄라를 즐겨 마시던 주점을 둘러보았다. 거리의 밴드 공연과 살사댄스도 빼놓을 수 없는 구경거리다. 다만 체 게바라의 유해가 묻힌 산타클라라를 못 간 것이 못내 한스럽기만 하다.

캐나다 밴쿠버에 도착해 로키산맥 익스프레스 열차를 타고 제스퍼라는 아름다운 동네를 구경하고 나서 밴프로 향했다. 밴프국

립공원은 빅토리아산을 배경으로 세계 10대 절경의 하나인 '레이크루이스' 호수와 호텔이 환상적인 아름다움을 선사하는 곳이다. 빅토리아산의 설경과 아름다운 숲이 레이크루이스에 비쳐 마치 정토의 모습을 연상케 했다. 밴프국립공원의 또 다른 명소인 보우 호수에서는 컬럼비아 빙하의 장엄한 풍광 속에 내가 마치 로키산맥이 된 느낌이었다. 그곳에 내 청춘과 사랑과 이별을 묻은 채 그렇게 나는 다시 나로 돌아왔다.

내 여행의 화두는 언제나 새로운 길과 희망 그리고 깨달음이다. 여행은 나를 찾아가는 과정이자, 자연과 사람을 통해 배우고 깨닫는 순간의 꽃들이며, 너무나 장엄하고 아름다운 축제의 장場이기도 하다. 오늘도 난 이 길 위에서 매 순간, 매일매일을 나그네로 여행 중이다. 그렇게 나는 새로운 꿈을 꾸며 멀고도 긴 여행길에서 다시금 이곳, 나 자신에게로 되돌아올 것이다. 그 순간까지 다만 걷고 또 걸어갈 따름이다.

다만 몸으로 익힐 뿐

우리는 살아가는 동안 누군가로부터 끊임없이 영향을 받는다. 나는 아버님에게 이성을, 어머님에게는 감성적인 면을 물려받은 듯하다. 주변 환경의 영향도 있었겠지만, 특히 내 경우에는 어머님의 영향이 컸는지 어린 시절부터 다분히 감성적인 소년이었다.

어릴 적 우리 집에서는 소를 키웠는데, 매일 시냇가로 끌고 나가서 꼴을 먹이는 일은 늘 내 차지였다. 그런데 어린아이가 소를 끌고서 걸어가기에는 꽤 먼 거리인지라 소 등에 올라타고 그 길을 오가곤 했다. 그럼 내가 마치 수주 변영로卞榮魯 같은 시인이라도 된 듯했고, 함곡관函谷關을 넘어 서역으로 떠나는 노자처럼 느껴지기도 했다.

궁벽한 시골에서 읍내로 전학을 가서도 청소 시간에 운동장에 떨어진 짐승 배설물을 손으로 줍는 사람은 내가 유일했다. 나는 그것이 더럽거나 추하다고 생각하지 않았다. 그 정도로 촌스럽고 천진난만한 시골 소년이었다. 도리어 누구보다 즐겁고 행복한 시절을 보냈다.

초등학교 시절, 살이 하얗고 고운 어느 소녀와의 만남은 황순원의 《소나기》나 알퐁스 도데의 《별》처럼 나에게는 소중하고 아름다운 추억이었다. 중학교 1학년 때 담임인 송정림 선생님과 오랫동안 주고받은 편지와 엽서를 통한 교감은 나를 더욱 감성적으로 이끌었다. 또한 어려서 죽은 탓에 얼굴도 알지 못하는 두 누이에 대한 그리움과 결핍은 나를 더욱 감성적인 인간으로 만들었다.

대학에 들어가서야 내가 역사적인 68혁명의 해에 태어났다는 걸 알고, 또 1980년 광주의 참상을 비디오로 목도하면서 비로소 감성만이 아닌 이성과 실천의 중요함을 깨닫게 되었다. 마침 1987년 6월항쟁과 6·29선언으로 이어지는 민주화운동의 물결을 온몸으로 겪으면서 말이다.

"내가 의미 없이 보내는 오늘은, 열사께서 그토록 살고 싶었던 내일이어라"라는 말이 있다. 그 당시 우리는 먼저 간 열사들에게 일정 부분 빚을 진 채 살아가고 있다고 생각했기에 연애나 낭만은 가진 자들의 사치나 방종에 지나지 않다고 여겼다. 오직 민주와 통

일 그리고 혁명과 해방만이 우리의 화두였다.

그렇다면 출가를 꿈꾸고 결행하는 것은 이성의 힘일까, 감성의 힘일까. 내 경우에는 이성적이고 객관적인 판단에 따랐다기보다는 감성적이고 주관적인 선택과 집중의 영역이 아니었을까 싶다. 우연처럼 어떤 인연과 운명 같은 강렬함이 있었기에 가능했으리라. 어쩌면 지금도 나는 객관적이고 합리적인 이성보다는 주관적인 감성과 직관으로 살아가고 있는지도 모른다.

선방에 들어 화두를 들고 용맹정진할 적에도 이는 어김없이 적용된다. 선문에 "이 문 안에 들어오려거든 일체의 알음알이를 내지 말지어다(입차문내入此門內 막존지해莫存知解)"라는 말이 있다. 선禪은 일체의 문자와 사량분별思量分別을 떠나 '직지인심直指人心 견성성불見性成佛'함을 목적으로 하기 때문이다. 그런 까닭에 불전佛典은 물론 책이나 신문조차 읽지 못하게 하는 것이다. 여기에 이르러 어찌 객관과 합리의 이성이 끼어들 틈이 있겠는가? 그러므로 깨달음은 지극히 주관적이고 감성적인 직관과 영감의 순간이 아닐까 생각한다.

출가해 3년간 원담 방장 스님을 시봉했는데, 스님께서는 수덕초등학교 2년 중퇴가 학력의 전부다. 10여 년을 만공 큰스님과 벽초 노스님을 시봉하면서 머리가 아닌 온몸으로 진리를 체현하신 것이다. 가끔 명문 대학을 나온 정관계 인사나 유수의 학자가 찾아와

삼배를 올리며 가르침을 청하기도 했는데, 그러면 "아니, 그리 좋은 대학 나오신 분들이 왜 초등학교 2학년 중퇴한 나에게 절을 하고 물으시는고?"라고 말씀하시곤 하셨다.

덕숭산 정혜사 능인선원에는 '보리菩提'라는 스님이 한 분 계신다. 어릴 적에 이곳으로 출가해 벽초 노스님을 모시고 살면서 일체의 공교육도 받지 않고 산문 밖을 나가지 않은, 실로 보물 같은 분이다. 당신의 법명마저 누군가 써준 것을 그대로 그린 후에 웃는 얼굴의 그림으로 사인을 하신다. 그렇지만 어릴 적부터 귀동냥으로 들은 염불 소리는 장엄하고 환희스럽다. 그의 선농일치禪農一致의 삶과 수행은 경외스럽고 수승한지라 온 대중이 함께 수희찬탄하지 않을 수가 없다.

옛날 중국에 만 권의 책을 읽어 세상 사람들로부터 '이만권李萬卷'이라 칭송받는 이가 있었다. 어느 날인가 유명한 선사를 찾아 자신의 독서와 학식을 자랑하였다. 그러자 선사께서 "만 권의 책이 어디에 들어 있는가?" 하고 물으니, "제 몸 안에 있습니다"라고 대답했다. 다시 "자네 몸 안에 책이 만 권이나 들어 있으면 무거워서 어찌 돌아다니는가?" 하고 일갈하니 그제야 아무 말도 못 했다고 한다. 제 몸 안에 천경만론千經萬論이 있다 하나 저승에 가서 염라대왕이 밥값을 내어놓으라 할진대 모골이 송연한 채 아무 말도 하지 못할 것이다.

내가 수행자가 되어 한 것이 있다면, 시봉과 참선 그리고 여행과 행정 이 네 가지가 있을 뿐이다. 그 모든 것이 다만 몸으로 익힌 것일 뿐, 머리로 익힌 것이 아니라는 공통점이 있다. 물론 객관적이고 합리적인 이성이 토대가 된 것은 사실이지만, 수많은 경험을 통한 감성과 직관에 힘입은 바가 크다. 무엇보다 나는 이것을 바꾸거나 되돌릴 마음이 추호도 없으니 앞으로도 죽는 날까지 그렇게 살아갈 생각이다.

사사키 아타루는 《잘라라, 기도하는 그 손을》이란 책에서 "텍스트를 다시 읽고, 다시 쓰고, 다시 말함으로써 혁명을 이룰 수 있다"고 했다. 나 또한 그것을 믿나니, 다시금 새롭게 읽고 쓰고 말함으로써 혁명적인 변화와 발전을 이루었으면 하는 바람이다.

은사님께 보내는 편지

스님! 여여如如하신지요?

미혹한 제자 '진광'입니다. 스님께서 원적에 드신 지도 어언 14주기가 다 되어 옵니다. 그렇게 꽃은 피고 또 지고를 반복하며 14년이란 세월이 흘렀건만 제 가슴속에 늘 함께하시는 스님의 크고 너른 자비덕화는 해가 거듭될수록 더해만 갑니다. 생전에 불효한 자식이 부모님이 돌아가시고 나면 더욱 애달픈 것과 같은 이치인 듯합니다.

남미를 여행할 적에 콜롬비아 보고타에서 스님의 전화를 받았지요. "이제 들어와서 나를 도와다오"라는 한마디에 그길로 비행기를 타고 귀국을 했지요. 귀국해 인사드리니 환한 미소로 맞아주

시면서 "이제 심장 수술이 잘되었으니 히말라야나 함께 가보자꾸나!"라고 말씀하셨습니다. 그게 스님의 마지막 모습이 될 거라고는 어찌 감히 상상이나 할 수 있었겠습니까?

스님의 갑작스러운 원적 소식에 저는 하늘이 무너지는 듯한 황망함에 아무 말도 하지 못한 채 망연자실했습니다. 스님의 법구는 유언하신 대로 동국대 일산병원에 연구용으로 기증되어 마지막까지 보살행을 행하셨습니다. 그러나 저는 법구를 떠나보내는 순간 복받치는 슬픔에 얼마나 속울음을 쏟아냈는지 모릅니다.

조계사 앞마당에서 영결식하는 그날, 하늘 위로 홀연히 해무리가 원을 그리며 그 안에 스님께서 천화하시는 듯한 모습을 보았습니다. 그 순간 저는 스님께서 "이제는 자신을 속이지 말고 중노릇 잘하시게나" 하고 말씀하시는 듯 깊은 감화를 받았습니다.

이듬해 저는 스님께서 그토록 가보고 싶어 하신 히말라야로 길을 떠났습니다. 세계의 지붕인 티베트 '초모랑마'로 가서 '에베레스트베이스캠프EBC'에서 스님께 고告하고는 그 아래 '팅그리'라는 마을 언덕에서 스님의 옷가지와 가사를 불살라드렸습니다. 그때 만난 '케샹'이라는 소녀의 눈동자에서 저는 스님을 뵈었습니다. 그런 까닭에 지금도 저는 스님께서 히말라야의 허공과 구름, 바람과 꽃, '케샹'의 눈동자 속에 계시는 것이라 믿고 있습니다.

돌이켜보니 미혹한 저를 직접 삭발해 스님으로 만들어주시고

보살펴주신 자비덕화는 산처럼 높고 바다처럼 넓기만 합니다. 매양 저를 "진광 대사!"라고 부르시면서 "나는 네가 그냥 좋다"라고 말씀해주셨지요. 아마도 숙세의 지중한 인연이 있지 않았을까 생각합니다. 요즘도 가끔 "자네는 점점 은사 스님을 닮아가네그려"라는 말을 듣는 걸 보면 아마도 제 어딘가에 스님께서 살아 계신가 봅니다.

어느 날인가, 번민과 방황으로 한참 만에 만행을 끝내고 돌아왔을 때일 겁니다. 스님께서 제게 "이제 마음을 쉬었느냐?"하고 물으셔서 제가 "그렇습니다"라고 하자, "그럼 되었다. 중노릇 잘하거라"라고 하셨지요. 그뿐이었습니다. 또 제가 노스님 시봉하다가

선방에 가겠다고 말씀드릴 적에는 "그 소리를 듣는 순간 부처님을 다시 뵙는 듯 무척 반가웠노라"라고 하셨습니다. 철마다 선방에 대중공양하러 오셨고 따로 용돈까지 챙겨주시며 "해제비 받으면 절반은 나눠 쓰자꾸나"라고도 하셨지요. 물론 스님께서는 제가 드린 그 돈을 차마 쓰지 못하고 품에 지니고 다니시며 자랑하곤 하셨지요.

경북 문경의 희양산 봉암사 선원에서 정진할 적에 스님께서 직접 써서 보내주신 고구정녕한 당부와 격려의 편지는 지금도 간직하고 있습니다. 스님이 안 계신 지금도 가끔 그것을 꺼내 보며 마음을 다지곤 합니다.

걸망을 메고 해외 만행을 할 수 있었던 것도 모두 스님의 자비 덕화 덕분입니다. 제가 외국에서 사다 드린 변변치 않은 선물마저 기쁘게 받아주셨지요. 스님께서는 네팔 히말라야에서 자라는 '순드리' 나무와 중국 황산의 지팡이를 특히 좋아하셨습니다. 스님께 드린 그 지팡이는 지금 제가 잘 모시고 있습니다.

스님! 스님께서는 제31대 대한불교조계종 총무원장으로 선출되시자 저에게 수행사서 일을 맡기셨지요. 매양 저만 나무라고 꾸짖은 것은 정말로 제가 미워서가 아니라 어쩔 수가 없었다는 걸 저도 잘 알고 있습니다. 가끔은 "장에 소 팔러 가는데 강아지 따라다니듯이 한다"고 해서 '매우수견賣牛隨犬'이란 성어도 만들어 저

를 경책하셨지요. 또한 사서국장인 본해 스님에게 "바람이 세차게 불면 진광이를 바람막이로 쓰라"고 말씀하셔서 내내 마음이 안 좋았는데, 그게 모두 저를 위한 말씀인 걸 나중에야 깨달았습니다. 그 외에도 스님이 모질게 대하신 것들이 모두 다 저를 위해 그러셨다는 걸 그때는 알지 못했습니다.

저는 3년 전에 속가 부친을, 1년 전에는 모친마저 하늘나라로 떠나보내 드렸습니다. 그렇게 저는 세상천지 천애 고아가 되었습니다. 그러나 스님과 부모님의 부재는 저의 실존實存일 수밖에 없습니다. 그럴수록 나 자신에게는 추상처럼 엄격하고 타인에게는 춘풍처럼 자비로워야겠지요. 그래야 스승이나 부모 없는 사람이라는 소리를 듣지 않을 테니까요. 제 나이에 고아 아닌 사람이 또 얼마나 되겠습니까? 선문에 "스승과 같아서는 스승의 은혜를 갚았다 할 수가 없나니, 스승을 뛰어넘어야 비로소 그렇다 할 것이다"라고 함이 아마도 그 뜻이 아닐는지요.

무릇 태어난 것은 반드시 죽게 마련이고 만난 사람은 정히 이별하는 것(생자필멸生者必滅 회자정리會者定離), 이것이 만고의 진리겠지요. 그럼에도 불구하고 스님을 그리워함은 제 안에 영원히 함께하는 그 무엇 때문일 것입니다. 다만 스님과 부모님의 이름에 부끄럽거나 욕되지 않도록 삶과 수행에 성심을 다하고자 합니다. 부디 제가 신심과 원력 그리고 공심으로 모든 일에 최선을 다할 수 있도

록 굽어 살펴주시기를 바라 마지않습니다.

이제 곧 '영진 스님과 함께하는 티베트 수미산 성지순례'를 14박 15일 일정으로 다녀올 예정입니다. 그럼 히말라야 설산의 허공과 바람 그리고 구름과 꽃으로 항상恒常하시는 스님을 뵈올 수 있을 것입니다. 달이 일천강에 두루 비추듯 어느 곳에나 스님께서 늘 함께하실 테니까요.

할 말은 바닷물로 먹을 삼아 쓸지라도 다함이 없거니와 이만 줄입니다.

인곡당仁谷堂 법장法長 대종사여!

부디 본래 서원을 잊지 마시고 속히 사바세계로 돌아오셔서 널리 중생을 제도해주시옵기를 우러러 바라옵니다. 미혹한 제자 진광은 스님의 유훈을 받들어 수행자답게 살아가도록 용맹정진하겠나이다.

미좌迷座 진광 손모음

꽃들을 위한 시가詩歌

오- 내 사랑 목련화야 그대 내 사랑 목련화야

희고 순결한 그대 모습 봄에 온 가인과 같고

추운 겨울 헤치고 온 봄 길잡이 목련화는

새 시대의 선구자요 배달의 얼이로다

가곡 〈목련화〉를 불러본다. 그럼 불현듯 몇몇 얼굴이 떠오른다.

나의 어머님은 강릉 함씨로 이름은 옥연玉蓮이시다. 어머니를

생각하면 한 송이 목련꽃이 떠오른다. 그런 까닭에 지난해 돌아가

시고 난 뒤에도 봄이면 산목련으로 다시 살아오시리라 믿게 된다.

내년 봄 산목련이 피면 어머님을 만나러 갈 것이다.

'목련' 하면 떠오르는 또 다른 이는 조병화의 "내 어릴 적 을남이는/ 하얀 블라우스만 입으면/ 그대로 목련꽃이었어라"라는 시구가 생각나는 소녀다. 어느 도회지에서 전학 온, 유난히 얼굴이 희고 흰 블라우스가 잘 어울리던 그 소녀는 마치 한 떨기 목련꽃 같았다. 이렇게 내 마음속에는 목련꽃을 닮은 어머니와 한 소녀가 있다.

대학 시절에는 〈겨울 나그네〉라는 영화에 매료되어 박목월 시인이 노랫말을 쓴 〈사월의 노래〉를 마냥 부르고 다녔다.

> 목련꽃 그늘 아래서 베르테르의 편질 읽노라
> 구름꽃 피는 언덕에서 피리를 부노라
> 아— 멀리 떠나와 이름 없는 항구에서 배를 타노라
> 돌아온 사월은 생명의 등불을 밝혀 든다
> 빛나는 꿈의 계절아 눈물 어린 무지개 계절아

그때부터 목련꽃을 마냥 사랑하게 되었다. 이런 까닭에 사월이 오면 애련愛戀이라는 불치병을 앓곤 했다. 특히 송림이랑 순나미, 에피탑Epitaph 미숙과 비비BB 은주, 지연과 소하素荷, 그리고 선일禪日과의 소중하고 아름다운 인연에 감사하다. 이들과의 인연 덕분에 지금 내 삶에 감사하며 살아올 수 있었다.

목련의 꽃말은 '이루지 못한 사랑'이다. 사랑을 이루는 것도 의

미가 있지만, 이루지 못한 사랑 또한 나름의 의미가 있다고 생각한다. 봄이 오기 위해서는 추운 겨울을 견뎌야 하고, 꽃이 피기 위해서는 고통과 아픔을 견뎌야 한다. 어둠을 이겨낸 자만이 새벽의 찬란한 태양을 맞이할 수 있다. 그리고 그런 순간들의 합습이 모여 인생이 된다. 그래서 인생은 더 없이 소중하고 아름다운 의미가 되는 것이다.

양희은의 〈하얀 목련〉이란 노래도 빼놓을 수 없다.

하얀 목련이 필 때면 다시 생각나는 사람
봄비 내린 거리마다 슬픈 그대 뒷모습
하얀 눈이 내리던 어느 날 우리 따스한 기억들
언제까지 내 사랑이어라 내 사랑이어라
(…)
그대 떠난 봄처럼 다시 목련은 피어나고
아픈 가슴 빈자리엔 하얀 목련이 진다

양희은은 큰 수술을 앞두고 생사의 갈림길에서 창밖에 핀 목련꽃을 보며 이 노래를 썼다고 한다. 그런 마음은 아닐지라도 목련꽃과 함께 옛 추억을 소환해 삶과 사랑에 대해 한 번쯤 되돌아보는 계기를 가져보는 것도 좋을 테다.

2005년 이스라엘은 2천 년 전 대추야자의 씨앗을 싹틔우는 데 성공했다. 이 대추야자는 '므두셀라Methuselah'로 명명되었는데, 969년을 살았다는 성서에 나오는 인물에서 따온 이름이다.

한편 한국에서는 2010년 함안 성산산성 발굴조사 중에 출토된 고려시대 연꽃의 씨를 '아라홍련阿羅紅蓮'이라는 이름으로 싹틔웠다고 한다. 불교에서 연꽃은 부처님께서 앉은 자리이자, 혼생과 윤회 그리고 극락세계를 상징한다. 그런 까닭에 나는 목련과 더불어 연꽃을 소중하게 생각하고 사랑해 마지않는다.

어려서 일찍 세상을 떠난, 얼굴도 기억하지 못하는 두 누이와 어머님 그리고 원담 노스님과 법장 은사 스님에게서, 혹은 진관, 홍륜, 수연 노스님과 명선, 태연 스님에게서 목련과 연꽃의 의미를 떠올린다. 그리고 그분들의 불멸과 부활을 간절히 염원하고 기원한다.

어느덧 가을이라 길가에는 코스모스가 만발하고 산에는 만산홍엽滿山紅葉의 단풍이 절정을 이루고 있다. 또한 조계사 앞마당에는 국화 향이 가득하다. 그럼에도 봄의 목련과 여름의 연꽃을 추억하고 의미를 되새기는 일은 나에게 소중하고 아름다운 순간이 아닐 수 없다. 그것들 속에 내 지난날 삶과 사랑과 수행이 오롯이 함께하기 때문이다. 그 꽃들 속에는 내가 사랑한 이들과 함께한 날들의 추억과 깨달음의 향기가 있기 때문이다.

이 세상에 흠 없는 영혼이 어디 있으며, 흔들리지 않고 피는 꽃이 어디 있으랴! 무릇 난 것은 죽게 마련이고 만나면 이별하게 마련이다. 그럼에도 '순간의 꽃'에서 '영원'을 바라볼 수 있기를 바라 마지않는다.

아침저녁으로 부처를 만나다

예전에 내가 살던 숙소는 북촌마을 인근 계동桂洞이라는 곳에 있었다. 아마도 계수나무가 많아 붙여진 이름일 테다. 계수나무 아래에는 월정月井이란 우물이 지금도 남아 있어 보름달이 뜰 무렵이면 참으로 운치가 있다. 계동은 아직까지 한옥들이 잘 보존되어 있어서 창을 열면 기와지붕이 고풍스럽고 아름답기 그지없다. 숙소 테라스에서 바라다보이는 인왕산 너머로 지는 저녁노을과 석양 또한 장관인지라 계동 숙소는 내가 사랑해 마지않는 곳으로 자리한다.

숙소를 나오면 바로 앞 건물이 '자비손한의원'인데 삼부자가 함께 운영하는 곳이다. 석주 노스님께서 83세에 써주신 '고통을 여

의고 즐거움을 얻는다'는 뜻의 '이고득락離苦得樂' 휘호가 특히 인상적이다. 삼부자와 어머님이 운영하는 모습이 참 보기가 좋다. 그들 모두가 내겐 부처와도 같다.

그 맞은편 '정수복'이란 이의 집 앞에는 작은 조각공원이 자리한다. 주인이 시인이 아닐까 싶은 생각이 들 정도로 자작 시비와 작은 정원이 참으로 소담스럽다. 이 삭막한 세상에 이렇듯 꾸며놓은 그 마음이 바로 부처님 마음이 아닐까 생각한다.

골목 끝에는 '공드리'라는 카페가 있는데, 주말이면 차 한잔 마시며 북촌을 찾는 관광객들을 구경하는 재미가 있다. 주인은 예술가처럼 수염을 멋지게 기르고 언제나 반갑게 인사를 건넨다. 젊은 부부가 카페를 운영하며 열심히 살아가는 모습은 언제 보아도 흐뭇하다.

내가 자주 가는 슈퍼마켓은 노부부가 운영하는 곳으로, 동네 사람들의 진솔한 삶과 정을 느낄 수 있는 곳이다. 평소 부모님처럼 잘 챙겨주시는지라 늘 고맙고 감사했는데, 지금은 장사를 접어 너무나 아쉽기만 하다.

근처 작은 편의점은 점원이 상냥하고 정이 많아 자주 찾곤 한다. 특히 중고생들의 방문이 잦아서인지 언제나 싱그럽고 활기찬 모습이다. 앞머리에 헤어롤을 말고 엄청 매운 컵라면을 먹으며 수다를 떠는 모습이 마치 영산회상을 방불케 한다.

'장원식당'은 불자이신 보살님과 너무나 순박한 남편이 함께 운영하는 곳이다. 모진 세월의 풍파를 다 이겨내고 아이 키우면서 베풀며 살아가는 모습이 불보살과 다름없어 보인다. 또 가끔 손님이 찾아오면 들리는 '화동옥'이란 음식점 주인아저씨의 자비와 친절에도 늘 감동하곤 한다.

　사거리에서 가끔 마주치는 재동초등학교에 다니는 꼬마 숙녀는 새침한 얼굴에 곱게 땋은 머리를 하고는 어머니 손을 잡고 학교에 간다. 그 초롱초롱한 눈빛과 밝은 미소를 보면 절로 행복해진다.

현대건설 앞의 컵밥집은 중년 부부가 함께 운영하는 맛집인지라 단골이 되었다. 아무래도 인스턴트 음식보다는 컵밥을 먹는 게 든든하고 맛도 좋다. 한때는 좋은 직장에 다녔을 텐데 지금은 컵밥집을 창업해 열심히 땀 흘리며 살아가는 모습이 참 보기 좋다. 내겐 마치 친형과 형수님처럼 생각되어 자주 찾아 대화를 나누곤 한다.

그리고 이 골목에 들어서면 '미스김라일락Syringa pubescence' 꽃의 사연을 적어놓은 꽃집 여주인과 언제나 멋진 양복을 입고 밖에 나와 미소 짓는 양복점 아저씨, 그리고 이해인 수녀님 사진을 내게 선뜻 선물해준 사진관 아저씨를 만날 수 있다.

또 손수 밀가루 반죽을 밟으며 맛있는 칼국수를 만들어주시는 '북촌 칼국수' 노보살님과 해물순두부가 일품인 '콩사랑' 순두부집의 후덕한 사장 부부도 인상적이다. 개업한 지 70년이 넘는 '만수옥' 설렁탕집 할머니는 그 자체로 전설이시다.

지팡이로 아스팔트를 두드리며 출근하는 시각장애인 아가씨와도 가끔 마주친다. 지하철을 타고 안국역에서 내리는 것만 알 뿐 어디로 가는지는 정확히 모르지만 관세음보살의 현신을 보는 것만 같다. 용기 내어 다가가 손잡고 부축해서 목적지까지 데려다주고 싶었는데 그러지 못한 것이 후회스럽기만 하다. 이 아가씨를 만날 때마다 나는 헬렌 켈러의 〈사흘만 볼 수 있다면〉이란 수필이 떠오

른다. 그리고 지체장애를 앓고 있는 아이를 업고 학교까지 데려다 주는 아버지와도 종종 마주치는데, 그 아비의 마음이 바로 불보살님의 마음과 다르지 않을 거라는 생각이 든다.

총무원에도 불보살님과 같은 이들이 존재한다. 재무부 시설팀 소속의 종무원들이 그러하다. 특히 수위 처사님과 청소, 빨래를 담당하고 계시는 보살님들은 고되고 힘든 일을 묵묵히 수행해주신다. 그러면서도 항상 밝고 환한 미소로 함께하시는지라 늘 고맙고 감사한 마음이다. 조계사 앞마당 한 켠에 계신 화주 보살님과 '승소' 공양간의 자원봉사 보살님들 또한 불보살님과 같으시다.

조계사 앞 길가에서 건어물을 파시는 노보살님은 늘 조계사 공양간에서 점심을 드시는데, 대웅전 법당에 들러 먼저 부처님께 정성스레 삼배를 드린다. 그 마음이 참 곱고 어여쁘시다. 어쩌면 건어물 파는 노파로 현현한 부처나 보살님은 아니실는지.

우정국 공원과 조계사 처마 밑에서 노숙을 하시는 분들, 지하철의 맹인 가수, 폐지 줍는 어르신들 가운데도 부처님과 보살님들이 계실 게다. 아니, 매일 아침저녁 출퇴근 길에서 만나는 시민들 모두가 누군가의 부처이자 선지식이고 자랑스러운 부모일 것이라 믿는다.

춘원 이광수의 〈육바라밀-애인〉이란 시 마지막 구절로 이들을 찬탄하고 싶다.

인제 알았노라.

님은 이 몸께 바라밀을 가르치려고

짐짓 애인의 몸을 나툰

부처님이시라고.

저 먼 곳의 정토나 극락이 아닌, 지금 이곳에서 우리 주위의 부처를 자비와 친절로 대한다면 그곳이 바로 불국정토가 아닐는지. 너와 나, 우리 모두가 부처이자 보살이고 선지식이며 더불어 함께 살아갈 길벗(도반)이 아닌가 싶다.

세 가지 소원

나이를 먹어가는지 머리칼은 물론 눈썹이며 수염까지 서리를 맞은 듯 하얗게 변해간다. 게다가 기억은 가물가물해져 자꾸 물건을 잃어버리기 일쑤다. 미당 서정주 시인이 말년에 그랬던 것처럼 전 세계 산 이름을 매일 100개쯤 외워볼까도 싶다.

그러고 보면 젊다는 것만으로도 청춘은 무한한 가능성이자 찬란한 봄과 같다. 다시금 그 시절로 되돌아갈 수만 있다면 얼마나 좋을까 하는 헛된 상상을 품기도 한다. 그러나 지나간 시간은 되돌릴 수 없으며, 한번 쏟아버린 물은 그릇에 다시 담을 수 없다. 다만 지금 여기에서 최선을 다해 현재를 살아갈 따름이다.

문득, 어떻게 하면 아름답고 찬란하게 늙어갈 수 있을까를 생각

해본다. 나의 조부께서는 한학에 조예가 깊은 분으로, 고향에 작은 서당을 차려 훈장 노릇을 하셨다. 한학은 물론 천문, 지리, 의학 등에도 두루 밝으셔서 동네의 어른으로 존경과 경외를 한 몸에 받으셨다. 어릴 적에 찾아뵐 때마다 항상 봉담배(담뱃대에 넣어서 피울 수 있도록 잘게 썰어 봉지로 포장한 담배)를 사 들고 갔는데, 곰방대에 꾹꾹 눌러 피우시던 모습이 지금도 눈에 선하다. 한미한 가문의 지식인이 느꼈을 고뇌와 함께 큰 뜻을 펴지 못한 채 늙어가는 심정을 어렴풋이 느낄 수가 있었다. 특히 조부님의 그 형형한 눈빛이며 고집스러운 입술과 자유로운 영혼은 고스란히 손주인 내게도 전해졌으리라 믿는다.

둘째 아들로 태어나 일찍이 고향을 떠나 낯선 타향에서 고생하시며 일가를 이룬 부친 또한 불우하기는 마찬가지였다. 만약 그 당시 중·고등학교를 다녔더라면 뭐가 되셔도 되셨을 텐데. 그럼에도 불구하고 자수성가하시어 슬하에 4남매를 훌륭히 키웠으니 참으로 대단한 분이시다. 어머님 또한 굴곡진 삶 속에서도 사랑과 자애로 남을 위해 베푸는 일을 아끼지 않으셨는데, 어머님이야말로 세상 그 누구보다 귀하고 아름다운 삶을 사셨다고 생각한다.

그렇게 내 안에는 조부와 부친과 모친의 녹록지 않은 삶과 정신이 오롯하게 피로써 연결되어 있다. 당신들처럼 살고 싶지 않아 출가했건만, 그럼에도 어쩔 수 없는 유전遺傳처럼 내 몸과 핏줄기 속

에 언제나 함께하고 있으시다.

출가 후에는 방장이신 원담 노스님을 3년간 시봉하였다. 고희가 넘어서도 스님은 잔주름 하나 없는 천진불과 같으셨다. 세 살에 부친을 잃고 아홉 살인가 동진 출가하시어 당대의 선지식인 만공 큰 스님을 시봉하며 도를 이루신 분이다. 마치 불보살님을 시봉하듯 내게는 스님을 시봉한 그 3년이 가장 소중하고 아름다운 시간이었다. "스승 '경허'를 위해서는 허벅지 살을 베어서라도 공양을 드리겠다"고 하신 만공 스님처럼, 나도 스님을 위해서라면 기꺼이 목숨을 버릴 수 있을 것 같았다.

은사이신 법장 스님도 3년여간 시봉하였는데 내겐 마치 친아버님처럼 느껴질 정도였다. 스님과 함께하면서 당신처럼 살 수만 있다면 몇 생이라도 그렇게 살고 싶었다. 너무 일찍 입적하시어 이제는 우리 곁에 계시지 않지만, 스님의 모습과 혼은 항상 우리와 함께하시리라 믿어 의심치 않는다.

120세를 산 조주고불趙州古佛이나 허운虛雲 대사처럼 살 수는 없으리라. 그러나 삼수갑산三水甲山으로 입전수수入塵垂手(세상에 나아가 중생을 교화하다)하시어 이름 없이 천화遷化한 경허 큰스님이나, 해방을 보고 무궁화 꽃잎에 먹을 묻혀 '세계일화世界一花'라 휘호하시고는 뒤에 '자영찬自影讚'까지 직접 쓰신 후 입적하신 만공 스님처럼 나도 그렇게 살다 가고 싶다. 아니면 어느 날인가 전월사

에서 정진하다가 소신공양하듯이 입적하신 연산 노스님처럼, 혹은 아무도 모르게 조용히 산속으로 들어가 마지막 시신마저 들짐승에게 보시한 채 그렇게 천화하고 싶다.

그렇다면 죽음 이전에 어찌 늙어가야 할까. 잠시 내 노년의 삶과 수행에 대해 생각해본다. 우선 소임을 놓으면 지중해 연안국가나 아프리카 중동부로 1년간 배낭여행을 다녀올 생각이다. 10년여를 종단에서 소임을 보았으니 나 자신에게 한 1년쯤 휴가 겸 재충전의 시간을 선물하고 싶다. 그리고 귀국한 뒤에는 3년 정도 선방에 들어 치열하게 용맹정진할 것이다.

그 뒤로는 남은 생애 동안 세 가지 일을 해보고 싶다. 첫째로 스님들이 맘 놓고 휴식과 재충전을 할 수 있는 주거 공간과 짐 보관소 그리고 수행공동체를 만들고 싶다. 또한 사회혁신가를 지원하고 발굴하는 아쇼카ASHOKA 재단이나, 세계 최초 소액 대출 모델이 된 키바KIVA 같은 사회적기업을 운영하는 사회적기업가가 되고 싶다.

둘째로 강원도 산골이나 바닷가 작은 마을에 구멍가게를 열어 그 동네 이장을 맡아서 일해보고 싶다. 아울러 농촌(어촌) 재생사업이나 도시-농촌 연계사업 등을 통해 마을(지역)을 살리는 새로운 모델을 제안하고 추진해보고 싶다.

마지막으로 죽는 날까지 선방 수좌이자 여행자로서 살아가는

것이다. 봉암사 선원에서 뵌 지웅智翁 노스님처럼 마지막까지 정진 방에서 용맹정진하다가 죽는다면 수좌로서 가장 큰 복이겠지만, 그게 힘들다면 출가 본사인 덕숭총림 수덕사에서 수행 정진하다가 덕숭산 자락에서 다비를 하였으면 하는 바람이다.

더불어 수행하는 가운데에도 해제 철이면 걸망을 메고 세상 곳곳을 떠돌며 만행을 하고 싶다. 고희가 지나도 배낭을 둘러메고 언제 어디로든 떠날 수 있는 자유로운 '떠돌이별'이자 배낭여행자로 살아갈 수 있었으면 좋겠다. 그러다가 히말라야 설산이나 인도 갠지스강에서 조용히 생을 마감하고 그곳에 흩뿌려져 무화無化되기를 바라 마지않는다.

아, 그럴 수만 있다면 다시 더 무엇을 바라리오. 정히 그럴 수만 있다면 내 삶과 수행이 헛되지만은 않은 것이리라.

세상 사람들은 모두가 저만 안 늙고, 저만 안 죽는다고 생각하는 것 같다. 그러나 어김없이 세월은 속절없이 흘러가고 누구라도 늙고 죽게 마련이다. 옛말에 "세상에 수행하는 것보다 더 좋은 것은 없고, 천하에 밥 먹는 것보다 더 어려운 것은 없다(세간막약수행호世間莫若修行好 천하무여흘반난天下無如吃飯難)"고 했다. 남은 생애, 이런 마음으로 부끄럽고 욕되지 않게 살았으면 하는 바람이다.

마치며

/

안녕goodbye 하니 안녕hello하다

인연이란 참으로 오묘한 것이 아닌가 싶다. 왜, 무엇 때문에 이 엄청 난(?) 일을 시작했는지 모르겠다. 아마도 전생의 빚을 갚으려고 그러 지 않았나 짐작만 할 따름이다. 아니, 분명 그럴 만한 이유가 있으리 라. 모든 우연의 합合이 필연이 되듯이 말이다.

그 시작은 이러했다. 나는 《불교신문》에 연재되는 동은 스님의 감성 에세이 '지금 행복하기'의 열렬한 팬이었다. 한 번도 만난 적이 없거니 와 밥 한 끼도 함께한 적이 없다. 그럼에도 그냥 스님의 글과 그 마음 이 좋았다. 아마도 홀로 이룰 수 없는 짝사랑을 했던가 보다. 그래서 무작정 스님의 전화번호를 물어보고, 그것이 인연이 되어 이후로도 전화와 문자로 안부를 주고받았다. 사람들은 으레 운명적이고 필연

적인 사랑을 믿고 싶어 하지만, 도리어 우연으로 시작해 필연으로 이어지는 경우도 많다. 동은 스님과 내 경우가 바로 그랬다.

하루는 스님으로부터 손수 붓글씨로 정갈하게 쓴 편지 한 통을 받았다. 몇 년 전 강진 백련사에서 무문관 정진할 적에 쓴 일기를 개정 증보해 《그대 지금 간절한가》라는 책으로 발간하는데, 거기에 추천사를 써달라는 것이었다. 워낙 불학무식하고 졸렬한 문장인지라 극구 사양하였으나 간곡한 부탁 말씀에 주제넘게도 추천의 글을 쓰게 되었다. 아니, 평소 존경하고 흠모하던 스님의 책에 추천의 글을 쓰게 되어 너무나 영광스러웠다.

그런데 그 일이 인연이 되었는지 《법보신문》에서 동은 스님과 함께 한 가지 주제를 가지고 서로 다른 시선으로 연재를 해보면 어떻겠냐는 제안을 받았다. 처음엔 무슨 말도 안 되는 소리를 하느냐고 펄쩍 뛰었지만, 사실 마음속으로는 스님과 함께할 수만 있다면 무엇이라도 하고 싶었다.

그러나 나는 물론 동은 스님도 원고지 15매가 넘는 장문의 연재를 해본 적이 없었다. 실로 무모하기 그지없는 도전인지라 망설여졌다. 그럼에도 두 번 다시 오지 않을 기회가 될 것 같아 동은 스님을 설득해 허락을 받아냈다. 사실 나도 두렵고 무모하다고 생각했지만 어쩐지 스님과 함께라면 능히 이룰 수 있으리라는 믿음이 생겼다. 도대체 무얼 믿고 그리 엄청난 일을 벌였는지 지금 생각해도 도무지 알

수가 없다. 어쨌든 그렇게 우여곡절 끝에 연재를 시작했다.

처음에 나는 너무 불교적인 소재보다는 좀 더 대중 친화적이고 시사적인 이야기를 쓰고 싶었다. 아니면 스님 개개인의 비밀스러운 이야기까지 허물없이 털어놓을 수 있는 연재이기를 바랐다. 그러나 스님이라는 신분상 그렇게까지 할 수는 없는 노릇이었다. 또한 '사소함을 보다'라는 연재 제목보다는 같은 생각 다른 꿈이라는 '동상이몽同想異夢'이나, 같은 꿈 다른 생각이라는 '동몽이상同夢異想'으로 하고 싶었다. 그럼에도 불구하고 교계 신문사상 처음으로 시도하는 참신한 기획과 파격으로 감사하게도 많은 관심과 호응을 받았다.

처음에 '일주문'이란 주제를 가지고 동은 스님과 함께 쓴 첫 글이 신문에 활자화되어 나왔을 때의 감동과 환희를 잊을 수가 없다. 그야말로 행복의 충격과 전율 그 자체였다. 정현종의 시 〈방문객〉 가운데 "사람이 온다는 건 실은 어마어마한 일이다. (…) 한 사람의 일생이 오기 때문이다"라는 말처럼 일생을 다시 사는 그런 느낌이었다.

그렇게 시작한 연재는 같은 주제에 서로 다른 생각을 펼쳐나가며 이어졌다. 어떤 독자는 연재마다 누가 더 잘 썼는지 비교하기도 했고, 왜 동은 스님보다 못 쓰냐는 핀잔과 걱정도 들었다. 때론 스님의 멋진 글에 절망해서 붓을 꺾고 싶었던 적이 한두 번이 아니다. 그럼에도 스님과 함께하며 참 많은 것들을 보고 배울 수 있었다.

무엇보다 삽화를 그려주신 허재경 작가님께 존경과 감사를 드린다.

눈에 잡히지도 않고 그려지지도 않는 글에 어찌 그런 멋진 삽화를 그리셨는지 모를 일이다. 마치 내 마음속에 들어왔다 나간 듯 신묘한지라 깜짝 놀랄 때가 한두 번이 아니었다. 글도 그렇지만 그림 역시 아무나 그리는 게 아닌가 보다.

회가 거듭될수록 무거운 중압감으로, 그리고 기분 좋은 깨달음으로 1년여를 더불어 함께했다. 수많은 독자의 관심과 격려가 없었다면 어찌 여기까지 올 수 있었겠는가! 머리 숙여 고마움과 미안함, 존경과 감사한 마음을 전하고 싶다. 아득하고 힘겨운 여정이었지만 글을 통해 많은 것을 배우고 느낀, 그 자체로 큰 보상을 받은 기분이다.

그러나 마침은 새로운 시작의 다른 이름일 게다. 길이 끝났다고 생각되는 곳에서 어김없이 길은 다시 시작된다. 이 길 위에서 배고픈 채로 우직하게 다만 가고 또한 갈 따름이다.

나는 지금 사람들에게 안녕Goodbye이라고 말하지만, 사람들은 내게 도리어 안녕Hello이라고 말하는 듯하다.